PROVERBES

ET

DICTONS AGRICOLES

DE FRANCE

PROVERBES

ET

DICTONS AGRICOLES

DE FRANCE

STRASBOURG, IMPRIMERIE BERGER-LEVRAULT ET Cie

PROVERBES

ET

DICTONS AGRICOLES

DE FRANCE

« *Les proverbes sont les échos de l'expérience.* »
BERNARDIN DE SAINT-PIERRE.

PARIS

BERGER-LEVRAULT ET Cie, LIBRAIRES-ÉDITEURS

MAISONS A NANCY ET A STRASBOURG

MDCCCLXXII

PROVERBES

RELATIFS AUX MOIS DE L'ANNÉE.

PROVERBES RELATIFS AUX MOIS DE L'ANNÉE.

Nota. — Les proverbes relatifs aux fêtes mobiles ont été placés dans les mois où ces fêtes tombent le plus ordinairement.

JANVIER.

Quand le soleil brille le jour de l'an.
C'est signe de gland.

> (Charente-Inférieure.)

Le mauvais an
Entre en nageant.

> (Ille-et-Vilaine, Tarn-et-Garonne Haute-Saône,
> Haute-Garonne.)

Beau jour de l'an,
Beau mois d'août.

> (Pas-de-Calais, Somme.)

Prinmier d'lin beau,
Août caud.

Premier de l'an beau,
Août chaud.
(Nord.)

Le vent du jour de l'an
Existe moitié de l'année.
(Marne.)

Tel jour de circoncision,
Tel mois de moisson.
(Pas-de-Calais.)

Aoube clare per San-Clar, béou lioumé espéraras.

Si l'aurore est pure et brillante le jour de Saint-
Cler, les légumes seront beaux.
(Basses-Alpes.)

Beaucoup d'étoiles visibles la veille des Rois
Dénotent sécheresse et chaleur pendant l'été
Et beaucoup d'œufs au poulailler.
(Morbihan.)

Quand le soleil luit aux Rois,
Le chanvre croît sur les toits.
(Haute-Saône.)

Quand les Rois sont clairs,
La chènevière vient sur les toits.
(Jura.)

Quand il pleut le jour des Rois,
Le chanvre vient sur les toits.

(Haute-Marne.)

Belle journée aux Rois,
L'orge vient sur les toits.

(Côte-d'Or, Vosges.)

Si le soleil luit le jour des Rois,
Il y aura deux hivers.

(Charente.)

On regarde les six premiers jours de janvier comme régulateurs du temps pour les six premiers mois. Cela s'appelle les *Calendes*.

(Gers.)

De Saint-Paul la claire journée
Nous dénote une bonne année ;
De Saint-Paul les brouillards,
Mortalité de toutes parts.

(Ain, Basses-Alpes, Ardennes, Aube, Côte-d'Or,
Doubs, Drôme, Jura, Lot-et-Garonne, Marne,
Haute-Marne, Meurthe, Meuse, Nièvre, Oise,
Rhône, Haute-Saône, Somme, Vosges.)

A la Saint-Paul,
L'hiver s'en va ou se recolle.

(Nièvre.)

Pour la Saint-*Poue* (Saint-Paul)
L'hiver se rompt le cou,
Ou pour quarante *jou* (jours)
Se le renoue.
(Gironde.)

Les douze premiers jours de janvier indiquent
le temps qu'il fera pendant les douze mois de
l'année.
(Basses-Pyrénées, Somme, Finistère.)

St-Antonio lous tyourts fan lou repas d'un moino.

A Saint-Antoine les jours augmentent le temps
nécessaire à un repas de moine.
(Hautes-Alpes.)

Saint-Antoine sec et beau
Remplit caves et tonneaux.
(Ain.)

Quand il pleut le jour de Saint-Antoine,
pomme de terre prospère.
(Gers.)

A la Saint-Sébastien,
L'hiver reprend ou se casse les dents.
(Nord.)

Le jour de la Saint-Vincent
Tout gèle ou tout détend.

>(Ain, Hautes - Alpes, Côte - d'Or, Doubs Jura,
> Haute-Loire, Lot-et-Garonne Meuse, Rhône.)

A la Saint-Vincent
L'hiver monte ou descend ,
Ou l'hiver prend ou perd une dent *ou* se casse
   les dents.

>(Allier, Aveyron, Côte - d'Or, Nièvre, Haute-Saône ,
> Vosges.)

A la Saint-Vincent les glaçons perdent leurs dents
Ou les recouvrent pour longtemps.

>(Bouches-du-Rhône, Vaucluse.)

A San-Vincent leys glaccirouns perdount leys
   dents
Ou leys recouvrount per loungtemps.

A Saint-Vincent les glaciers perdent leurs dents
Ou les recouvrent pour longtemps.

>(Basses-Alpes.)

Saint Vincent clair et beau,
Plus de vin que d'eau.

>(Hautes - Alpes, Ardèche , Loir - et - Cher , Loiret,
> Meurthe , Morbihan , Vienne.)

Quand saint Vincent est clair et beau,
Il y a du vin comme de l'eau.
(Charente, Eure-et-Loir, Hérault, Loire-Inférieure.)

Si le jour de Saint-Vincent est trouble,
Il met le vin au double.
(Loiret.)

Saint Vincent clair et saint Paul trouble
Mettent le vin dans la gourde.
(Aube.)

Si le jour de Saint-Vincent le soleil est clair-
voyant,
Il y aura beaucoup de jus au sarment.
(Basses-Alpes.)

Quand le soleil luit à la Saint-Vincent,
Le vin monte au sarment.
(Marne, Meuse, Sarthe, Vosges.)

Prends garde au jour de Saint-Vincent,
Car si ce jour tu vois et sens
Que le soleil soit clair et beau,
Nous aurons plus de vin que d'eau.
(Côte-d'Or.)

Aube claire à Saint-Vincent,
Beaucoup de fruit pour tout le monde.
(Bouches-du-Rhône.)

A Saint-Vincent claire journée
Nous annonce une bonne année.
(Meuse.)

A la Saint-Vincent s'il fait beau,
Le bouvier doit épargner le feneau.
(Allier.)

Quand il fait beau le jour de Saint-Vincent,
Le vigneron s'en va chantant.
(Vosges.)

Le soleil de la Saint-Vincent fait boire les vigne-
rons jusqu'à leurs serpettes.
(Haute-Marne.)

Le jour de la Saint-Vincent,
Si le soleil luit tout le jour, vinée complète ;
S'il pleut une partie du jour, demi-vinée :
S'il pleut tout le jour, disette.
(Charente-Inférieure.)

Le jour de Saint-Vincent clair et serein
Annonce une année de bon vin.
(Moselle.)

Le jour de Saint-Vincent, si le soleil luit grand
comme un chapeau,
On aura du vin plein le tonneau.
(Moselle.)

Le lendemain de Saint-Blaise.
Bien souvent l'hiver s'apaise.
(Eure.)

L'opinion généralement accréditée dans les cam-
pagnes est qu'une sorte de lutte s'établit entre
tous les vents dans la soirée du 25 janvier, et
qu'à minuit celui qui sort vainqueur de cette
lutte sera le vent dominant pendant le reste
de l'année.
(Meurthe.)

A la conversion de saint Paul.
Tout dur ou tout mol.
Pas-de-Calais.)

A la conversion de saint Paul,
L'hiver se renoue ou se casse le col.
Maine-et-Loire.)

Si le jour de Saint-Paul le convers (converti)
On voit un beau temps découvert,
On aura pour cette raison
Du blé et du foin à foison.
(Morbihan.)

Janbié faï soubén lou péchat,
A mars ès toujours reprouchat.

Janvier fait souvent la faute,
Et elle est reprochée à mars.
    (Lozère.)

Pléjo de janbié, charestio ;
Neplos, mourtello malaoutio.

Pluie de janvier, cherté ;
Brouillards, maladie mortelle.
    (Lozère.)

Janvier d'eau chiche
Fait le paysan riche.
    (Aveyron, Gard, Haute-Garonne, Lozère, Maine-et-
    Loire, Haute-Saône.)

Gardo un escut ras
Per janbiéras.

Garde un écu complet
Pour le mois de janvier.
    (Hérault.)

Il vaut mieux voir un voleur dans son grenier
Qu'un laboureur en chemise en janvier.
    (Indre.)

Il vaudrait mieux voir un loup sur un fumier
Qu'un homme en chemise en janvier.
    (Jura, Haute-Loire.)

Il vaut mieux voir le loup sur le fumier *ou* un
    loup enragé
Qu'un homme bras nus en janvier travailler.
      (Côte-d'Or, Doubs, Haute-Saône.)

Dio ti guardi di un buon jennaro!
Dieu te garde d'un bon janvier!
      (Corse.)

Quand il ne pleut pas en janvier,
Il faut étayer le grenier.
      (Tarn-et-Garonne.)

Orage en janvier,
L'hiver est avorté.
      (Seine-Inférieure.)

Lorsque l'orage se fait entendre dans le mois de
    janvier,
On l'entendra tous les autres mois de l'année.
      (Charente-Inférieure.)

Le tonnerre en janvier annonce une récolte abon-
    dante.
      (Somme.)

Quand il tonne en janvier,
Il tonne tous les mois de l'année.
      (Vendée.)

S'il tonne en janvier,
Cuves au fumier.
(Charente-Inférieure.)

Neige et gelées blanches en janvier
Causent du mal aux montagnes comme aux vallées.
(Haut-Rhin.)

Si les mouches dansent en janvier,
Le cultivateur devra s'inquiéter de ses fourrages.
(Haut-Rhin.)

Quand sec est le mois de janvier,
Ne doit se plaindre le fermier.
(Rhône, Haute-Saône, Vaucluse.)

Quand le crapaud chante en janvier,
Serre ta paille, métayer.
(Ariége.)

Fleurs de janvier
Ne vont dans le panier.
(Ardèche.)

Quan jé é laouradé,
Sept pas per un diné.

Lorsqu'on peut labourer en janvier,
On aura sept pains pour un dîner.
(Hautes-Pyrénées.)

Quind zinvier fait l'févérier,
Févérier fait l'zinvier.

Quand janvier est doux comme doit l'être février
Février est rude comme doit l'être janvier.

Nord.)

Le vent qui domine à minuit le jour de la conversion de saint Paul est celui qui domine pendant toute l'année.

.(Meuse, Moselle.)

Quand janvier ne fait pas son devoi (devoir),
Février lui saute au poi (poil).

Haute-Saône.)

FÉVRIER.

Le jour de la Chandeleur, si le soleil paraît avant
midi, l'ours rentre dans sa tanière pendant
quarante jours.

Si la loutre voit son ombre le jour de la Chandeleur, elle rentre pour quarante jours dans son
trou.

A la Chandeliero,
Grand fret, grand neviéro,
L'ours sorté dé sa taniero,
Fai très tourts
Et rentro per quaranto jours.

A la Purification, grand froid, neige abondante,
ou sinon l'ours sort de sa tanière, fait quelques
tours et rentre pour quarante jours.

Quand Notre-Dame de la Chandeleur luit,
L'hiver quarante jours s'ensuit.

> (Ardèche, Basses-Alpes, Charente, Corrèze, Doubs,
> Finistère, Haute-Garonne, Gers, Lot-et-Garonne,
> Pas-de-Calais, Basses-Pyrénées, Seine-Inférieure,
> Tarn.)

Quand le soleil à la Chandeleur fait lanterne,
Quarante jours après il hiverne.

> (Gard, Haute-Loire, Lozère, Tarn-et-Garonne.)

La Chandeleur claire
Laisse un hiver derrière.

> (Calvados, Charente-Inférieure, Hérault, Ille-et-Vi-
> laine, Loire-Inférieure, Maine-et-Loire, Mayenne.)

Quand le soleil luit à la Chandeleur, croyez
Qu'encore un hiver vous aurez.

> (Manche.)

Le soleil de la Chandeleur brûle la sole des prés.

> (Charente-Inférieure, Deux-Sèvres.)

La Chandeleur noire,
L'hiver a fait son devoir,
La Chandeleur trouble,
L'hiver redouble.

> (Vendée.)

A la Chandeleur,

L'hiver cesse ou reprend vigueur.

> (Eure-et-Loir, Maine-et-Loire, Nièvre, Oise, Pas-de-
> Calais, Rhône, Somme.)

Si l'jour de l'Caind'lé

I a eune goutte à ch'buchon,

Cha s'ra eune ainnée d'garnison.

Si le jour de la Chandeleur

On voit une goutte sur le buisson,

Ce sera une année de blé grenu.

> (Nord.)

Quand il pleut sur la chandelle,

Il pleut sur la javelle.

> (Charente-Inférieure, Dordogne, Gironde, Ille-et-
> Vilaine, Maine-et-Loire, Marne, Tarn.)

Si le jour de la Chandeleur il pleut, il fera un bon
   printemps;

S'il fait soleil, un mauvais printemps.

   D'où le proverbe:

« Que l'ours rit ou pleure ce jour-là ».

> (Ariége.)

Si point ne veux de blé charbonneux,

Mange des crêpes à la Chandeleux.

> (Deux-Sèvres.)

Si le jour de la Chandeleur il fait beau,
Il y aura du vin comme de l'eau.
(Basses-Pyrénées.)

Lorsqu'à la Chandeleur le soleil luit sur la cire,
La récolte en foin est des plus pires.
(Charente-Inférieure.)

Si le soleil se montre et luit
A la Chandeleur, vous verrez
Qu'encore un hiver vous aurez.
Partant, gardez bien votre foin,
Car il vous sera de besoin.
(Côte-d'Or, Vosges.)

Lorsqu'à la Chandeleur le temps persiste au beau,
Berger, serre ton foin, fais paître ton troupeau.
(Hautes-Pyrénées.)

Autant l'alouette chante avant la Chandeleur,
Autant elle se tait après.
(Yonne.)

A Nouastre-Dame Chandelière, ou grand frei ou
grand névrié.

A Notre-Dame de la Chandeleur, ou grand froid
ou grande neige.
(Basses-Alpes.)

A la Chandeleur, cesse de filer, mets ton rouet
derrière la porte et tire ta charrue.
(Haut-Rhin.)

La Chandeleur,
Grande douleur.
(Oise.)

A Sante-Agate, si l'aigue courre dins la bélierete,
Lou lach couale dins la chadierrette.

A Sainte-Agathe, si l'eau court dans le ruisseau ,
Le lait coule dans la chaudière.
(Basses-Alpes.)

A Santo-Gatéto,
Vai t'en à ta vigneto,
Si l'y vas pas travailla,
Vai té l'y par gousta.

A Sainte-Agathe, va à ta vigne
Si ce n'est pour y travailler,
Du moins pour y déjeuner.
(Hautes-Alpes.)

Les nuages d'orage de Sainte-Agathe indiquent la
grêle pour l'été, d'où elle a le surnom de Maïre
des prigouls.
(Ariége.)

Quand pour Sainte-Agathe il pleut, le maïs croît
sur les pierres.
(Gers.)

L'soleil, le jour Sainte-Eulalie,
S'il fait le tour de vos pommis
Ayant leurs branches bien fleuries (couvertes de
neige),
Il s'ra des pommes à pleine airie.
(Manche.)

En mitan février, mitan grange, mitan grenier.

Au milieu de février, la grange et le grenier sont
réduits à moitié.
(Basses-Alpes.)

Si du chanvre tu veux récolter,
Au carnaval faut danser.
(Deux-Sèvres.)

S'il pleut le jour de carnaval, la terre est altérée
toute l'année.
(Loire-Inférieure.)

Quand au carnaval la neige couvre la terre, à
Pâques celle-ci sera couverte de verdure.
(Haut-Rhin.)

Le soir du mardi-gras, faut danser sur les fu-
miers pour avoir des navets.

(Deux-Sèvres.)

Le jour du mardi-gras, il faut que le pied du
noyer reçoive, ne fût-ce qu'un instant, les
rayons du soleil, sans cela point de noix. —
Même observation pour les fruits à noyaux.

(Charente-Inférieure.)

Quand il pleut pour le mardi-gras,
Il y a de l'huile pour la salade.

(Charente.)

Quand saint Mathias trouve de la glace, il la casse;
Quand il n'en trouve pas, il faut qu'il en fasse.

(Meurthe, Morbihan, Moselle, Haut-Rhin, Haute-
Saône, Vosges.)

San Mathias lou rébouchairé,
Senza neige pourrié pas fairé.

Saint Mathias, le replâtreur, sans neige ne pourrait
faire.

(Basses-Alpes.)

Autant l'alouette chante avant la Saint-Mathias,
Autant elle se tait après.

(Vosges.)

Le dernier jour de février doit laisser le fossé
comble.

(Gers.)

Quand il tonne en février,
Montez vos tonneaux au grenier.

(Haute-Saône, Gironde.)

Quand il tonne au mois de février, toute l'huil
tient dans une cuiller.

(Aveyron.)

S'il tonne en février,
Il faut jeter les fûts sur le fumier.

(Charente-Inférieure, Nièvre, Deux-Sèvres.)

S'il tonne en février, point de vin.

(Gers.)

Quind i tonne in févérier,
Sène d'mortalité

Quand il tonne en février,
Signe de mortalité.

(Nord.)

Février, le plus court des mois,
Est de tous le pire à la fois.

(Bouches-du-Rhône, Lot-et-Garonne, Marne, Oise,
Basses-Pyrénées, Vaucluse.)

Février est de tous les mois
Le plus court et le plus matois.

(Rhône.)

Février entre tous les mois
Le plus court et le moins courtois.

(Eure, Meuse.)

Févérier l'pus court d'ches mos,
C'hest aussi l'pus pire chint fos.

Février, le plus court des mois,
Est aussi le pire cent fois.

(Nord.)

Es fébrio des mésés de l'on
É lou pusaïssé é lou mens lon.

Février est des mois de l'année
Le plus mauvais et le moins long.

(Lozère.)

Fébrier lou court, lou pu marri dé tous.

Quoique court, le mois de février est le plus mé-
chant de tous.

(Basses-Alpes.

Neige de février
Vaut du fumier,
Ou vaut jus de fumier.

> (Allier, Aveyron, Dordogne, Drôme, Eure, Haute-
> Loire, Nord, Oise, Pas-de-Calais, Haute-Saône,
> Somme, Vienne.)

La negeou ou més dé févrié
Eï mita fumié.

La neige au mois de février
Est moitié fumier.

> (Vaucluse.)

Neou qué toumbo al més de fébrio
Met' en bello humou l'usurio.

La neige qui tombe au mois de février
Met en belle humeur l'usurier.

> (Lozère.)

La neige de février,
C'est de l'eau dans un panier.

> (Haute-Garonne, Hérault, Tarn, Tarn-et-Garonne.)

Neige que donne février
Met peu de blé au grenier.

> (Lot-et-Garonne.)

La neige qui tombe en février.
La poule l'emporte avec son pied.

(Basses-Pyrénées.)

Nejho dé fébvrié,
Mié fumié.

Neige de février,
Demi-fumier.

(Gard.)

Pluie de février,
C'est du fumier.

(Bouches-du-Rhône, Côte-d'Or, Haute-Garonne, Ille-
et-Vilaine, Maine-et-Loire, Marne, Basses-Pyrénées
Rhône, Haute-Saône, Saône-et-Loire, Vaucluse.

Eau de février
Vaut jus de fumier.

(Manche.)

Bouillard de février
Vaut du fumier.

(Gironde.)

Las pléjos del més dé fébrio
Baloun aïgo de foumario.

Les pluies du mois de février
Valent du purin.

(Lozère.)

Si février laisse les fossés pleins,
Les greniers deviendront pleins.

(Charente.)

Mieux vaudrait voir un voleur au grenier
Qu'un homme en chemise en février.

(Aveyron.)

Mieux vaudrait voir un loup dans son foyer
Qu'un homme en chemise en février.

(Charente, Haut-Rhin, Vosges.)

Vaut autant voir un loup dans un troupeau
Que le mois de février beau.

(Vaucluse.)

Le mois de février
Est bon agnelier (favorable à la naissance des
agneaux).

(Aveyron.)

Warats semés en février
Porteront du grain jusqu'au pied.

(Pas-de-Calais.)

Fleur de février
Ne va pas au pommier.

(Haute-Loire.)

Qu'al mé dé féourié lou chi cerqué l'oumbrié.
Qu'au mois de février le chien cherche l'ombre.

(Dordogne.)

Belle avoine de février
Donne espérance au grenier.

(Calvados, Haute-Saône.)

L'avoine de février
Remplit le grenier.

(Nièvre, Rhône, Tarn.)

Février trop doux présage un printemps froid.

(Haut-Rhin.)

Si février n'a ni pluie ni giboulée, tous les mois
de l'an seront ennuyeux.

(Gers.)

Sé fébrio gandré non fébréjo,
Péndén touto l'annado aourejo.

Si février ne vomit pas ses fièvres,
Le vent souffle pendant toute l'année.

(Lozère.)

Si février ne févrote,
Mars vient qui le garrotte,
Ou mars marmotte.

(Ain, Hautes-Alpes.)

Si héouré non héouréjo,
Tou lou més mars de qu'aouéjo.

Si le mois de février est beau,
Tout le mois de mars ennuie.
(Lot-et-Garonne.)

Quand février n'est pas rigoureux, mars écorche.
(Basses-Alpes.)

Février comble ou vide le grenier.
(Aube.)

En février,
Moitié en grange et moitié en grenier.
(Vienne.)

Héouré qué lécho lou barat arrasé.
Février laisse le fossé rempli d'eau.
(Hautes-Pyrénées.)

Si héouré nou hé sas hé sas héourétats.
Touts ès messés sou courroçats.

Si février ne donne pas ses bourrasques
Tous les mois sont courroucés.
(Hautes-Pyrénées.)

MARS.

Quand il pleut pour la Saint-Aubin,
Il n'y a ni paille ni foin.

    (Charente.)

Quand il pleut à la Saint-Aubin,
Il n'y a ni foin ni lin.

    (Ille-et-Vilaine.)

Quand il gèle à la Saint-Aubin,
Il n'y a ni foin ni vin.

    (Ille-et-Vilaine.)

A la Saint-Aubin,
Quand le buisson goutte au matin,
C'est du vin.

    (Gironde.)

S'il pleut à la Saint-Aubin,
L'eau sera plus chère que le vin.

    (Dordogne.)

A la Saint-Aubin, on tond
D'ordinaire le mouton;

Mais si vous voulez m'en croire,
Tondez-le à la Saint-Grégoire.

(Eure.)

Une hirondelle ne fait pas le printemps.

(Lot-et-Garonne.)

Où le vent se tourne le 21 mars, il y reste jusqu'au 21 juin.

(Indre.)

A la Saint-Simon,
La neige aux tisons.

(Vosges.)

Quand il gèle le 25 mars, gelée toute l'année.

(Lot.)

A Notre-Dame de mars,
Si le soleil fait le *luzer* (s'il ne se montre pas
franchement),
Il y a quarante jours d'hiver.

(Dordogne.)

S'il pleut le jour de la Bonne-Dame, il pleut à
toutes ses fêtes.

(Allier.)

S'il gèle le 25 mars, il faut faire provision de
grain et de vin.

(Allier.)

S'il gèle le 25 mars,
Les prairies diminuent d'un quart.

(Loir-et-Cher, Loiret.)

S'il gèle le 25 mars, il y aura disette de blé.

(Hautes-Pyrénées.)

S'il gèle à Notre-Dame de mars,
Chaque mois en aura sa part.

(Haute-Loire.)

Ce que mars couve on l'sait toujours,
Après son trente-unième jour.

(Manche.)

Quind marche inte comme un mouton,
I wide comme un lion.

Quand mars entre comme un mouton,
Il sort comme un lion.

(Nord.)

Autant de brouillard en mars,
Autant de gelée en avril.

(Cher, Gironde, Lot-et-Garonne.)

Autant de brouillard en mars,
Autant de gelée en mai.

> (Aisne, Ardennes, Calvados, Charente, Charente-Inférieure, Côte-d'Or, Eure-et-Loir, Ille-et-Vilaine, Indre, Jura, Lot-et-Garonne, Maine-et-Loire, Marne, Haute-Marne, Mayenne, Meuse, Moselle, Nièvre, Nord, Oise, Pas-de-Calais, Basses-Pyrénées, Rhône, Haute-Saône, Sarthe, Somme, Vendée, Vienne, Vosges, Yonne.)

Quand il gèle en mars,
Il gèle autant de fois en mai.

> (Eure-et-Loir.)

Brouillard de mars
Donne gelée blanche en mai.

> (Calvados.)

Autant de brouillards en mars,
Autant d'orages en été.

> (Haut-Rhin.)

Quand mars fait l'avril,
L'avril fait le mars.

> (Aisne, Maine-et-Loire, Marne, Meuse, Nord, Oise, Rhône, Haute-Saône, Somme, Vienne.)

Autant de brume en mars,
Autant de frime en mai.

> (Loire-Inférieure.)

Les cultivateurs aiment mieux rencontrer un loup
en chemin qu'une femme nu-bras au mois de
mars.
(Charente.)

Mars sec ne cherche pas son pain.
(Somme.)

Mars sec et beau
Remplit caves et tonneaux.
(Lot-et-Garonne, Meuse, Haute-Saône, Somme)

Le laboureur aime voir la poussière de mars.
(Haut-Rhin.)

Marzo asciutto, grano per tutto.
Mars sec, c'est du blé partout.
(Corse.)

Eau du mois de mars
Est pire que tache au drap.
(Basses-Pyrénées.)

Pluie de mars ne profite pas.
(Bouches-du-Rhône.)

De gaieté, vigneron, vide vingt fois ton verre,
Lorsque des pluies en mars inonderont la terre.
(Nièvre.)

Pluie de mars
Ne vaut pas pisse de renard.

>(Nièvre.)

Neige de mars
Gelée en avril.

>(Charente-Inférieure.)

Neige de mars vaut du blé.

>(Aveyron.)

Si le blé de mars te réussit un an,
Ne le dis pas à tes enfants.

>(Vaucluse.)

Mars maou en carra.
Mars a mauvaise mine.

>(Basses-Alpes.)

Soit au commencement, soit à la fin,
Mars nous montrera son venin.

>(Meuse.)

Mars sec, mai mouillé.

>(Ain.)

La neige de mars, c'est du fumier sur les prés.

>(Ain.)

Neige de mars
Vaut un parc.

>(Haute-Loire.)

Quind i tonne in marche,

L'cinsier inrache.

Quand il tonne en mars,

Le fermier enrage.
>(Nord.)

Lorsqu'au mois de mars il tonne,

On remplit bouteilles et tonnes.
>(Aube.)

Quand il tonne au mois de mars,

Le pain et le vin arrivent de toutes parts.
>(Lot-et-Garonne.)

Quan in mars tonno,

L'annado es bono.

Quand en mars il tonne

L'année sera bonne.
>(Gard.)

Ba va la trouno,

Quan mars la souno.

Bien va la tonne (tonnerre),

Quand mars la sonne.
>(Haute-Garonne.)

S'il tonne en mars,

Bonhomme, relie tes quarts.
>(Indre.)

S'il tonne en mars, il faut foncer tonnes et tonneaux.

(Deux-Sèvres)

S'il tonne en mars,
Il faut relier tines et tinards.

(Nièvre.)

Cant pel mès de mars trouno,
Bacchus nous remplit la touno.

Quand au mois de mars il tonne,
Bacchus nous remplit la tonne.

(Tarn.)

Lorsqu'il tonne en mars,
Il faut dire : Hélas !

(Ain , Aisne, Calvados, Doubs , Eure , Jura , Meuse,
Nord, Oise, Basses-Pyrénées , Haute-Saône, Seine-
Inférieure, Seine-et-Oise, Somme.)

Tonnerre de mars,
Gelée d'avril.

(Hérault.)

S'il tonne en mars,
Il tonne tous les mois.

(Sarthe.)

Quand on oïe le tiénor (tonnerre) en mars,
Hélas! les vaches sont traites.

(Vosges.)

Gris mars n'a jamais demandé son pain.
(C'est-à-dire que mars, en retardant la végétation,
    est favorable aux céréales.)

(Pas-de-Calais.)

Quand lou més de mars es poussiérous,
Qué rén lou boué orguellious.

Quand le mois de mars est poussiéreux,
Le bouvier devient orgueilleux.

(Gers.)

Mars aride,
Avril humide.

(Gers, Nord.)

A mars poudreux,
Avril pluvieux.

(Tarn-et-Garonne.)

Quand mars ne mange pas de chié (chair),
Il est pire qu'un enragé.

(Calvados.)

Si le mois de mars trouve les fossés pleins, il les
    sèche;
S'il les trouve vides, il faut qu'il les remplisse.
      (Morbihan.)

Si les rivières débordent en mars,
Elles déborderont tous les mois de l'année.
      (Finistère.)

Marzo molle,
Lin per donne.

Mars pluvieux, lin pour les femmes *ou* abondance
    de lin.
      (Corse.)

Val bien paoü la séglado
Si mars la leysso pas spigado.

Le seigle vaut bien peu
S'il n'est pas en épis en mars.
      (Dordogne.)

Quand les grenouilles chantent en mars,
Elles se taisent en avril.
      (Eure-et-Loir.)

Mars venteux,
Vergers pommeux.
      (Rhône.)

Quel mars, quel août.

(Loire-Inférieure.)

Piq' tes melons en mars, mé en mai,
Et j'en aurai ben avant té.

(Manche.)

Fleur de mars,
Guère de fruits ne mangeras.

(Aveyron.)

De mars la verdure,
Mauvais augure.

(Manche.)

Doun maï mars couflo las ribieiros,
Doun maï creissoun las chanabieiros.

Plus les rivières s'enflent au mois de mars,
Plus les chènevières croissent.

(Lozère.)

Si le seigle est sans épis
Au mois de mars, c'est tant pis.

(Tarn-et-Garonne.)

AVRIL.

Premier avril faut que pinson
Boive sur buisson.
(Charente-Inférieure.)

Quand saint Ambroise voit neiger,
De dix-huit jours de froid nous sommes en danger.
(Meuse.)

Le vent reste quarante jours où il se trouve placé
le dimanche de la Passion.
(Cher.)

Si la lune est pleine ou nouvelle
Le jour qui Saint-Croix suivra.
S'il arrive que lors il gèle,
La plupart des fruits en mourra.
(Eure)

Le vent qui souffle le jour des Rameaux est le
vent dominant de l'année.
(Allier, Hautes-Alpes, Calvados, Charente, Charente-
Inférieure, Eure, Finistère, Gironde, Hérault, Ille-
et-Vilaine, Indre, Loir-et-Cher, Loire-Inférieure,
Nièvre, Hautes-Pyrénées, Seine-et-Oise, Deux-Sèvres, Tarn, Vendée, Vienne, Yonne.)

Le vent qui souffle le jour des Rameaux à midi
souffle presque constamment pendant six semaines.

(Côte-d'Or.)

Le vent reste trois mois du côté où il se trouve le
jour des Rameaux.

(Aube.)

Vent du nord aux Rameaux dure les trois quarts
de l'année.

(Morbihan.)

Vent qui souffle au jour des Rameaux
Ne changera pas de sitôt.

(Haute-Loire.)

Le vent qui mène la bannière
Mène la moissonnière.

(C'est-à-dire, le vent qui souffle le jour des Rameaux est le vent dominant de l'année.)

(Drôme, Loire, Haute-Loire.)

L'aouro qués per rampan seniado,
Dure lou maï péndén l'annado.

Le vent que l'on bénit le jour des Rameaux
Règne le plus souvent pendant l'année.

(Lozère.)

Si le jour des Rameaux
Le vent vient du Levant,
On dit qu'il vient des quatre boisseaux.
> (Marne.)

Si, pendant l'office du jour des Rameaux, le
vent est bas, c'est signe que le beurre ne sera
pas cher ; s'il est haut, c'est que le prix en
sera élevé.
> (Sarthe.)

Le vent du jour du Buis (des Rameaux)
Donne quarante jours comme lui.
> (Seine-Inférieure.)

Quand il pleut le jour des Rameaux,
Il pleut à la fenaison et à la moisson.
> (Lot.)

Quand il pleut pour les Rameaux,
Il pleut sur les bargeneaux (meules de foin).
> (Charente.)

Le jour des Rameaux, quand le coq est amant,
année tendre.
> (Eure-et-Loir.)

Semaine sainte mouillée
Donne terre altérée.
> (Ille-et-Vilaine.)

La gelée du jeudi saint
Gèle le sarrasin,
La gelée du vendredi saint
Gèle le pain et le vin.

(Ain.)

Pour que les rats ne mangent pas le raisin,
Il faut tailler la treille le vendredi saint.

(Ain.)

S'il pleut le vendredi saint,
Toute la pluie de l'année ne servira à rien.

(Maine-et-Loire, Sarthe.)

Quand il pleut le vendredi saint, la terre est
altérée les trois quarts de l'année.

(Ille-et-Vilaine, Moselle.)

La pluie du vendredi saint abat les gelées du
mois de mai.

(Vosges.)

S'il pleut le vendredi saint, la gelée n'a plus de
pouvoir.

(Loir-et-Cher.)

Le vent qui souffle le vendredi saint durera
toute l'année.

(Haut-Rhin.)

La terre ne doit point être ouverte le vendredi
saint.

(Deux-Sèvres.)

Quand il gèle le vendredi saint, les gelées sont
avortées.

(Marne.)

S'il gèle le vendredi saint, les autres gelées de
l'année sont sans effet.

(Loire-Inférieure, Vienne.)

Le vent qui souffle pendant la bénédiction de
l'eau, le samedi saint, durera six semaines.

(Pas-de-Calais.)

Pâques pluvieuses
Souvent fromenteuses.

(Ardennes, Calvados, Côte-d'Or, Loire-Inférieure,
Marne, Meuse, Haute-Saône.)

Pâques pluvieux,
Blé graineux.

(Dordogne, Doubs, Gard, Gironde.)

Pâques pluvieux,
Saint-Jean farineux.

(Charente, Charente-Inférieure, Ille-et-Vilaine, Deux-
Sèvres, Vendée, Vienne.)

Pasqua plajousa, aïra payousa.
S'il pleut à Pâques, il y a paille sur l'aire.

(Gard.)

Pâques en avril
Rendent heureuses mouches et brebis.

(Ardennes.)

Quand il pleut le jour de Pâques, les terres sont
altérées pendant toute l'année.

(Moselle.)

Pâques tard,
L'hiver tard.

(Vosges.)

Pâques en avril,
Mort à femmes et à brebis.

(Nord.)

A la Saint-George.
L'épi est dans la gorge.

(Mayenne.)

A la Saint-George,
Sème ton orge ;

A la Saint-Marc,

Il est trop tard.

> (Ain, Aube, Calvados, Côte-d'Or, Côtes-du-Nord,
> Eure, Eure-et-Loir, Ille-et-Vilaine, Jura, Lot-et-
> Garonne, Maine-et-Loire, Haute-Marne, Meuse,
> Moselle, Nièvre, Oise, Rhône, Haute-Saône,
> Sarthe, Seine-Inférieure, Yonne.)

Saint George, saint Marc, sont réputés saints grêleurs ou vendangeurs.

> (Vaucluse.)

Entre Georget (saint George) et Marquet (saint Marc)

Un jour d'hiver se met.

> (Loire-Inférieure.)

Saint George et saint Marc nous causent souvent bien des maux.

Saint Philippe et saint Jacques sont encore deux rudes compères.

> (Haut-Rhin.)

Georget, Marquet, Phalet (saint Phal),

Sont trois casseurs de gobelets.

(C'est-à-dire que, s'il tombe de l'eau pendant ces trois jours, on ne récolte point de vin.)

> (Aube.)

A Saint-George,
Couvre ton orge ;
A Saint-Robert,
Qu'il soit couvert ;
A Saint-Marc,
Il serait trop tard.
(Aveyron.)

S'il pleut le jour de la Saint-George,
Il n'y aura ni cerise ni gogue.
(Marne.)

Quand il pleut à la Saint-George,
Toutes les cerises lui passent par la gorge.
(Vendée.)

Aussi longtemps que les grenouilles coassent
avant la Saint-George, aussi longtemps après
elles se tairont.
(Haut-Rhin.)

Quand il pleut à la Saint-George,
Il n'y a ni prune ni orge.
(Aube.)

S'il pleut le jour de la Saint-Marc, point de
pommes.
(Loire-Inférieure.)

S'il pleut le jour de la Saint-George,
Il n'y aura ni cerise ni corme.
(Maine-et-Loire.)

S'il pleut à la Saint-George,
Il n'y a ni guigne ni orge.
(Sarthe.)

S'il pleut à la Saint-George, il n'y a ni cerise ni
prune.
(Cher, Somme.)

La pluie du jour de Saint-George
Coupe aux cerises la gorge.
(Ille-et-Vilaine.)

Tout le monde doit se réjouir si, à la Saint-
George, la vigne n'est pas encore poussée.
(Haut-Rhin.)

S'il tombe de l'eau le jour de Saint-Marc,
Il n'est ni frit ni fra (de fruits d'aucune espèce
(Sarthe.)

Saint George cueille les cerises .
Saint Marc les vend.
(Vienne.)

Quand saint Marc n'est pas beau,
Pas de fruits à noyau.
(Seine-Inférieure.)

Quand il gèle les jours de Saint-George, Saint-
Marc, Saint-Robert, c'est signe que la récolte
sera mauvaise.

, (Corrèze.)

A la Saint-Marc s'il tombe de l'eau,
Il n'y aura point de fruits à couteau.

(Calvados.)

Saint Eutrope est un grand vendangeur.

(Charente-Inférieure.)

Quand la lune rousse est passée,
On ne craint plus la gelée.

(Charente, Charente-Inférieure.)

L'hiver n'est point passé
Que la lune rousse n'ait décliné.

(Aveyron.)

Lune rousse
Vide bourse.

(Ardèche, Aube.)

La lune rousse
Toujours nous trémousse.

(Vaucluse.)

La lune rousse détruit tout ce qu'elle trouve,
et conserve tout ce qu'elle fait.

(Meuse, Vosges.)

Jalados dé la luno rousso
Dé la planto rouinoun la pousso.

Les gelées de la lune rousse
De la plante brûlent la pousse.

> (Lozère.)

La lune rousse est maligne comme les individus
de sa couleur.

> (Nièvre.)

La lune rousse
Donne sur la pousse.

> (Vienne.)

Ce que la lune rousse met au monde elle le
nourrit, et ce qu'elle y trouve elle l'étrangle.

> (Morbihan.)

Tant que dure la lune rousse,
Les fruits sont sujets à fortune.

> (Calvados, Côte-d'Or, Eure, Maine-et-Loire, Haute-
> Saône, Vosges.)

La lune rousse est la lune des abîmes.

> (Drôme.)

Quand la lune rousse commence comme un lion
ou un dragon,
Elle finit comme un mouton.

Quand elle commence comme un mouton,
Elle finit comme un lion *ou* un dragon.
(Doubs, Jura , Meuse, Haute-Saône, Vosges.)

La lune rousse est toute bonne ou toute mauvaise.
(Indre.)

La lune rousse, si elle ne donne de la tête, donne de la queue.
(Haute-Marne, Meuse, Vosges.)

Récolte point n'est arrivée
Que lune rousse ne soit passée.
(Haute-Loire.)

La lune rousse entrant un mercredi annonce une année désastreuse, surtout pour la vigne.
(Hérault.)

Lune rousseou, ploou ou souffle.
Lune rousse, pluie ou vent.
(Basses-Alpes.)

La lune rousse ôte tout ou donne tout.
(Jura.)

Les chevaliers de la lune rousse, hélas !
Saint Marc, saint Eutrope, saint Philippe, saint Nicolas,

Nous mènent de vie à trépas ;
Mais le chevalier saint Loup
     Gobe tout.
    (Vienne.)

Lune rousse sur la semence
D'ordinaire a grande influence ;
La lune rousse et le roux vent
Cassent les bouteilles souvent.
    (Oise.)

L'influence de la lune rousse est également re-
doutée dans les départements suivants, bien
que cette opinion n'ait pas été exprimée sous
la forme de proverbes :

Ain, Aisne, Allier, Cher, Corrèze, Eure-et-Loir,
Gers, Ille-et-Vilaine, Loir-et-Cher, Loire, Loire-
Inférieure, Loiret, Lot, Lot-et-Garonne, Marne,
Meurthe, Moselle, Nord, Pas-de-Calais, Puy-de-
Dôme, Basses-Pyrénées, Hautes-Pyrénées, Rhône,
Saône-et-Loire, Sarthe.

Quand il tonne en avril,
Il faut foncer cuves et barils.
    (Charente, Charente-Inférieure, Eure-et-Loir, Gi-
ronde, Marne, Deux-Sèvres.)

S'il tonne en avril,
Bonhomme, rogne ton douzil (tonneau).
    (Indre.)

S'il tonne en avril,

Il faut rogner le *ginsil.*

(Nièvre.)

En avril s'il tonne,

C'est nouvelle bonne.

(Maine-et-Loire, Somme)

Quand il tonne en avril,

Vendangeurs, préparez vos barils.

(Hautes-Alpes, Drôme, Loir-et-Cher, Lot-et-Garonne ,
Meurthe, Meuse, Morbihan, Moselle, Nièvre,
Vosges, Yonne.)

Quand il tonne en avril,

Le laboureur se réjouit.

(Ain, Aisne, Calvados, Côte-d'Or, Doubs, Eure,
Eure-et-Loir, Ille-et-Vilaine , Jura, Marne , Haute-
Marne, Nièvre, Nord, Oise, Pas-de-Calais, Rhône,
Haute-Saône, Seine-Inférieure, Seine-et-Oise ,
Somme, Vosges, Yonne.)

S'il tonne en avri,

L'pauvre doit s'réjoui.

(Manche.)

Pluie d'avril vaut fumier ou purin de brebis.

(Aisne, Ardennes, Côte-d'Or, Marne, Haute-Marne,
Meurthe, Meuse, Nièvre, Nord, Pas-de-Calais,
Somme, Vosges.)

Pluie d'avril remplit le grenier.

(Bouches-du-Rhône.)

Pluie d'avril

Remplit grange et fenil.

(Vienne.)

Abril plabigna,

Maï ne cessa.

Quand il pleut en avril,

Il pleut sans cesse en mai.

(Gironde.)

Pluie d'avril,

Sécheresse d'été.

(Aveyron, Lozère.)

Quan in abriou plaourié

Que tou lou moundé cridarié :

Tout es néga, tout es perdu,

Encoré aourié pas prou plougu.

Quand en avril il pleuvrait,

Que tout le monde crierait :

Tout est noyé, tout est perdu,

Encore il n'aurait pas assez plu.

(Gard.)

La granissade d'avril (giboulée mêlée de grêle)
Tue la brebis et l'agneau,
Et la bergère sans manteau.
(Dordogne.)

Il n'est si gentil mois d'avril
Qui n'ait son chapeau de grésil.
(Maine-et-Loire, Mayenne, Nord, Basses-Pyrénées.
Rhône, Haute-Saône, Vosges.)

Pas n'est avril si beau,
Que le berger ne voie tomber la neige sur son
chapeau.
(Haut-Rhin.)

Neige d'avril dévore le blé comme le ferait un
bœuf.
(Aveyron.)

Avril venteux
Rend le laboureur joyeux.
(Hautes-Alpes.)

Quon abril én furou sés més.
Nés pa dins l'on un piré més.

Quand avril en fureur se met,
Il n'est pas dans l'année un pire mois.
(Lozère.)

Jamai lou més d'avriou

Na esta nouma coussou.

Jamais le mois d'avril

N'a été regardé comme un beau mois.

(Hautes-Alpes.)

Més d'abricou

Més d'abimeou.

Mois d'avril

Mois d'abîme.

(Vaucluse.)

Quand le raisin naît en avril,

Il faut préparer son baril.

(Drôme.)

Avril doux,

C'est du bien partout.

(Aisne.)

Avril le doux,

Quand il se fâche, est le pire de tous.

(Lot-et-Garonne, Manche, Pas-de-Calais, Rhône, Seine-et-Oise.)

Avril froid donne pain et vin;

Avril doux,

Quand il tourne, est le pire de tous.

(Lot-et-Garonne.)

Sy n'y avio ni seignours ni més d'avril sur terro,
L'y ourié tyamai ni famino ni guerro.

S'il n'y avait ni seigneurs ni mois d'avril sur terre,
Il n'y aurait jamais ni famine ni guerre.

(Hautes-Alpes.)

Sombre d'avril,
Sombre joli.

(Haute-Saône.)

Si doux avril,
Chaud mai.

(Vienne.)

Si tu as un mauvais tison, garde-le pour le mois
d'avril.

(Ariége.)

Avril entrant comme un agneau
S'en retourne comme un taureau.

(Oise.)

Boucs en avril,
Épis en été.

(Bouches-du-Rhône.)

Au mois d'avril,
Ne t'allége pas d'un fil ;
Au mois de mai,
Fais comme il te plaît.

(Bouches-du-Rhône, Hérault, Lot-et-Garonne
Vaucluse.)

Voulez-vous avoir du beau fil,
Ensemencez au mois d'avril.

(Basses-Alpes.)

Bourgeon qui pousse en avril
Met peu de vin au baril.

(Aube, Côte-d'Or, Gers, Lot-et-Garonne, Maine-et-
Loire, Manche, Nièvre, Oise, Basses-Pyrénées
Haut-Rhin, Rhône, Haute-Saône, Somme,
Vosges.)

En avril nuée.
En mai rosée.

(Côte-d'Or.)

L'hiver nès pas passat,
Sans qué la luno d'abriou a ché terlucat.

L'hiver n'est pas passé,
Tant que la lune d'avril n'a pas lui trois fois.

(Hérault.)

Avril a trente jours ;
S'il en pleuvait trente-un,
Cela ne ferait tort à aucun.

(Bouches-du-Rhône , Gard , Vaucluse.)

Quand lou cocut ben aux aübres deshuillat,
Il y a petit de paille et beaucoup de blat.

Si le coucou arrive à découvert,
Il y a peu de paille et beaucoup de blé.

(Gironde.)

Fleur d'avril
Tient par un fil.

(Haute-Loire.)

MAI.

De la pluie le premier jour de mai
Ote aux fourrages leur qualité.
>   (Ardennes.)

Quand il pleut le premier jour de mai,
Les fourrages rendent amer le lait.
>   (Haute-Saône.)

Quand il pleut le premier jour de mai,
Les vaches perdent moitié de leur lait.
>   (Haute-Saône.)

Quind i pleut l'nuit d'mai,
Gn'y a point d'chérises.

Quand il pleut la première nuit de mai,
Il n'y a point de cerises.
>   (Nord.)

Quand il pleut le jour de Saint-Philippe,
Il ne faut ni tonneau ni pipe.
>   (Côtes-du-Nord, Eure, Ille-et-Vilaine, Manche
>   Mayenne.)

Sé plaou aou prumé dé may,
Lou buou qué gagno et lou porc qué perd.

S'il pleut le premier mai,

Le bœuf gagne et le cochon perd.

(C'est-à-dire que les prairies seront plus belles

    que les chênes.)

        (Gers.)

S'il pleut le premier mai,

Le cheval gagne son procès,

Et la truie le perd.

        (Gers.)

S'il pleut le jour de la Saint-Jean chaude (6 mai),

Les biens de la terre dépérissent jusqu'à l'autre

    (24 juin).

        (Cher.)

S'il pleut le jour de la petite Saint-Jean,

Toute l'année s'en ressent,

Et notamment jusqu'à la grande Saint-Jean.

        (Nièvre.)

Sème tes haricots à la Sainte-Croix,

Tu en récolteras plus que pour toi :

Sème-les à la Saint-Gengoult,

Un t'en donnera beaucoup ;

Sème-les à la Saint-Didier,

Pour un tu auras un millier.

        (Côte-d'Or.)

Quand il pleut le jour de Saint-Mayeux,
Les cerises tombent par la queue.

(Puy-de-Dôme.)

Saint Mamert, saint Servais et saint Pancrace
Sont toujours de vrais saints de glace.

(Haute-Loire.)

S'il fait beau aux Rogations,
Le premier jour il fera beau pour les fauchaisons,
Le deuxième jour pour les moissons,
Le troisième jour pour les vendanges.

(Ain, Allier, Aube, Doubs, Meurthe, Meuse, Morbihan, Nièvre, Vosges, Yonne.)

S'il pleut aux Rogations,
Le premier jour il pleuvra pendant la fenaison
Le deuxième jour pendant la moisson,
Le troisième jour pendant les vendanges.

(Jura, Haute-Marne, Haute-Saône, Vendée, Vienne.

Belles Rogations,
Belles moissons.

(Cher, Eure-et-Loir, Finistère, Loire-Inférieure.

Telles Rogations,
Telles fenaisons.

(Eure, Ille - et - Vilaine, Maine - et - Loire, Marne,
Mayenne, Sarthe.)

Haricots de Rogations
Rendent à foison.
(Rhône.)

Si l'on sème son chanvre pendant les Rogations
On le récolte à grenouillons (à genoux).
(Haute-Saône.)

Si vous semez fèves aux Rogations,
Soyez certains qu'elles se rouilleront.
(Haute-Loire.)

A l'Ascension,
Le dernier frisson.
(Jura.)

Lorsqu'il pleut le jour de l'Ascension,
On dit : Gouttes aux buissons, bonne garnison.
(Somme.)

S'il pleut le jour de l'Ascension.
C'est comme du poison.
(Indre.)

Pluie le jour de l'Ascension,
Les blés dépérissent jusqu'à la moisson.
(Morbihan.)

Le vent reste six semaines où il se trouve la
veille de la Pentecôte, pendant l'eau bénite.
(Somme.)

La Pentecôte
Donne les foins ou les ôte.
(Côte-d'Or.)

Pentecôte pluvieuse
N'est pas avantageuse.
(Morbihan.)

Diou nous gardé dé las calous de Pentacousta
Et das aïgachés de Saint-Jan.

Dieu nous garde des chaleurs de la Pentecôte
Et des rosées de la Saint-Jean (6 mai).
(Hérault.)

Piante mi tôt,
Piante mi tard,
Devant le 15 mai tu ne me voirai pas leva.

Plante-moi tôt,
Plante-moi tard,
Avant le 15 mai tu ne me verras pas lever (pommes de terre).
(Haute-Saône.)

Plante un pois à la Saint-Didier,
Tu récolteras un setier.
(Aube.)

Saint Didier ramasse tout dans son devantier.
(Charente-Inférieure.)

Haricot semé à la Saint-Didier
En rapporte un demi-setier.
(Yonne.)

Urbinet (saint Urbain),
Le pire de tous quand il s'y met,
Car il casse le robinet.
(Lot-et Garonne.)

Que saint Urbain ne soit passé,
Le vigneron n'est pas assuré.
(Hautes-Alpes.)

Saint Urbain est le dernier vendangeur ; quand
il passe sans faire de mal, les vignes sont hors
de danger.
(Meuse.)

Saint Urbain,
Dernier marchand de vin.
(Meuse.)

Après la Saint-Urbain,
Plus ne gèlent vin ni pain.
(Nièvre, Rhône.)

Après la Saint-Urbain,
Ce qui reste appartient au vilain.
(Meuse.)

Quand le raisin naît en mai,
Il faut s'attendre à du mauvais.
> (Drôme.)

Bin de may,
Piquette de tchay.

Vin de mai,
Piquette de chai.
> (Gironde.)

Bourgeon de mai
Remplit le chai.
> (Ariége, Gironde, Lot-et-Garonne, Hautes-Pyrénées,
> Tarn, Tarn-et-Garonne.)

Fleur de mai,
Il faut s'y fier.
> (Haute-Loire.)

Au mois de mai,
Il faudrait qu'il ne plût jamais.
> (Vaucluse.)

Rosée du mois de mai
Gâte tout ou ranime tout.
> (Bouches-du-Rhône.)

Rosée de mai
Vaut chariot de roi.
> (Nièvre.)

Aigagnâou de maï
Faï tout béou ou tout laï.

La rosée de mai
Fait tout beau ou tout laid.

(Gard.)

Maggio ortolano, orzo poco e mica grano.

Si le mois de mai est pluvieux, il y aura peu
d'orge et point de blé.

(Corse.)

Quand il tonne en mai,
Les vaches ont du lait.

(Haute-Saône.)

Tonnerre en mai,
De moisson pé.

(Manche.)

Lou més dé mai es dé trente-un; quand n'en
plourié trente, farié dé maou en dégun.

Le mois de mai est de trente et un jours; quand
il en pleuvrait trente, personne n'en souffrirait.

(Basses-Alpes.)

Quand la Vienne déborde en mai,
Tous les autres mois elle le fait.

(Vienne.)

En mai froid élargis ton grenier ;
Avril fait la fleur,
Mai en a l'honneur.

(Basses-Pyrénées.)

Boue en mai,
Épis en août.

(Ain, Gers, Haute-Loire, Nièvre.)

Mai pluvieux
Rend le laboureur joyeux.

(Hautes-Alpes.)

Dé maï caldo ou douço plejéto
Faï flou bello é richo espijéto.

Chaude et douce pluie de mai
Fait belle fleur et riche épi.

(Lozère.)

Quand l'aubépine est en fleur,
Le temps est en rigueur.

(Allier.)

Au més de mai tout ce qué sorté la testo es bon
   per la muesto.

Tout ce qui pousse au printemps est bon pour
   la soupe.
      (Hautes-Alpes.)

Mai fait ou défait.
      (Ardèche.)

Que mai soit venteux et clair,
Toute récolte aura bon air.
      (Tarn-et-Garonne.)

Sombre de mai,
Sombre bien gai.
      (Haute-Saône.)

Du mois de mai la chaleur,
De tout l'an fait la valeur.
      (Maine-et-Loire, Marne, Meuse, Oise, Haute-Saône
        Somme.)

Quand il pleut le jour de Sainte-Pétronille,
C'est que la sainte mouille sa guenille.
      (Yonne.)

S'il pleut à la Sainte-Pétronille,
Les raisins deviennent grappilles,
Ou tombent en guenilles.
      (Aube.)

Ce qui naît au mois de mai (la volaille),
Il faut le prendre par une patte et le jeter là-bas.
(Dordogne.)

Quand il pleut à la Sainte-Pétronille,
Pendant quarante jours elle trempe ses guenilles.
(Côte-d'Or, Haute-Marne.)

S'il pleut le jour de Sainte-Pétronille,
Le blé diminue jusqu'à la faucille.
(Meuse, Yonne.)

JUIN.

Quand il pleut le jour de Saint-Médard,
Le quart des biens est au hasard.

S'il pleut le jour de Saint-Médard,
Le tiers des biens est au hasard.

S'il pleut à la Saint-Médard,
La récolte diminue d'un quart;
S'il pleut à la Saint-Barnabé,
Elle dimininue de moitié.

S'il pleut à la Saint-Médard,
La récolte diminue d'un quart;
Mais s'il fait beau à la Saint-Barnabé,
Celui-ci lui coupe le bec ou le pied.

S'il pleut à la Saint-Médard,
Il pleut quarante jours plus tard ;
Mais s'il ne pleut à la Saint-Barnabé,
Saint Médard n'y peut ré (rien).

(Dordogne.)

S'il pleut à la Saint-Médard,
Il pleut quarante jours plus tard,
A moins que saint Barnabé
Ne raccommode ce qui est gâté,
Ou A moins que de Saint-Barnabé la journée
   clairette,
Saint-Médard ne rachète.

(Lot-et-Garonne, Vosges.)

Quon ploou lou jour de Saint-Médar,
L'annado gagno ou per un car ;
E si saint Barnabé l'enduro,
La pléjo trente noou jours duro.

S'il pleut le jour de Saint-Médard,
La récolte augmente ou diminue d'un quart ;
Et si saint Barnabé le permet,
Il pleut trente-neuf jours après.

(Lozère.)

Quand plou per Saint-Médard,
La rendo diminuo d'un quart ;
Sé fo bel per Saint-Barnabé,
Y copo l'erbo chous lou ped.
(Hérault.)

Qan ploou per San-Médar,
Ploou qrante jhours pus tar ;
Qan ploou per San-Gervais,
Ploou qrante jhours après.
(Gard.)

Quand il pleut pour la Saint-Médard,
Il pleut quarante jours plus tard,
A moins que saint Gervais ne soit beau,
Et qu'il tire saint Médard de l'eau.
(Charente.)

Saint Médard
Grand pissard ;
Saint Barnabé
S'y casse le nez.
(Meurthe, Meuse.)

Quand il pleut à la Saint-Médard,
Si l'on ne boit du vin, on mange du lard.
(Haute-Marne, Haute-Saône.)

4

Si plaou es dio de Saint-Médard,
N'auram ni bi ni lar.

S'il pleut le jour de Saint-Médard.
Nous n'aurons ni vin ni lard.
(Hautes-Pyrénées.)

Saint Médard,
Planteur de choux, mangeur de lard.
(Marne.)

Qan ploou per San-Médar,
Dé la récolt' emporte un qar ;
Qan ploou pa,
N'emporto la mita.

Quand il pleut à la Saint-Médard,
Le quart de la récolte est emporté ;
Quand il ne pleut pas,
On en perd la moitié.
(Gard.)

La pluie de Saint-Médard fait germer les épis au
gerbier, de quoi le sarrasin rit.
(Ariége.)

Quand il tombe de l'eau le jour de Saint-Médard,
Elle prend du blé pour remettre au mars.
(Ardennes.)

Si le jour de Saint-Médard il pleut sur les vaches,
elles n'ont pas de lait de l'année.
> (Saône-et-Loire.)

L'opinion que la pluie de Saint-Médard dure quarante jours, et qu'elle influe sur les récoltes,
est générale en France. On doit l'attribuer
également aux départements qui n'ont pas
exprimé cette opinion sous la forme de proverbes.

A la Saint-Barnabé
Le seigle perd le pied.
> (Tarn-et-Garonne.)

Blés fleuris à la Saint-Barnabé,
Présage d'abondance et de qualité.
> (Eure.)

Quand il pleut le jour de Saint-Gervais.
Il pleut quarante jours après.
> (Pas-de-Calais, Basses-Pyrénées, Seine-Inférieure.)

Vent du bas la veille de la Trinité.
Il y est les deux tiers de l'année.
> (Aisne.)

S'il pleut le jour de la Trinité,
Il pleut tous les dimanches de l'année.
> (Doubs, Haute-Saône.)

Quand il pleut à la Trinité,
Il pleut six semaines sans s'arrêter.
(Haute-Saône, Vosges.)

S'il pleut le jour de la Trinité,
Il pleut treize dimanches de suite.
(Aube.)

S'il pleut à la Trinité,
Il faut deux liens sur trois pour le blé.
(Haut-Rhin.)

Pluie de la Trinité
Fait dépérir les blés
Jusqu'au grenier.
(Côte-d'Or.)

Quand il pleut le jour de la Trinité,
Les blés dépérissent jusqu'à la faucille.
(Aisne, Aube.)

S'il pleut le jour de la Trinité,
La récolte diminue de moitié.
(Haute-Garonne, Gers, Lot, Lot-et-Garonne, Hautes-
Pyrénées, Tarn, Tarn-et-Garonne.)

S'il pleut sur la chapelle (Fête-Dieu),
Il pleut sur la javelle.
(Allier, Cher, Indre, Lot-et-Garonne, Nièvre, Puy-de-
Dôme.)

A la Fête-Dieu pavillée mouillée,
Fenaison manquée.
(Eure.)

Tel sacre (Fête-Dieu),
Tel battre.
(Mayenne.)

S'il pleut le jour de Saint-Cyr,
Le vin diminue jusqu'à la tire.
(Allier.)

Orages avant la Saint-Jean
Ne sont pas dangereux,
Après ils sont violents.
(Vendée.)

Pluie de Saint-Jean
Dure longtemps.
(Mayenne.)

Quand il pleut à la Saint-Jean,
Les blés dégénèrent souvent.
(Eure-et-Loir.)

Quand il pleut le jour de Saint-Jean
L'orge s'en va dépérissant.
(Vosges.)

La pluie de la Saint-Jean
Enlève noisettes et glands.
(Doubs.)

Eau de Saint-Jean ôte le vin
Et ne donne point de pain.
(Maine-et-Loire, Marne, Meuse.)

Du jour de Saint-Jean la pluie
Fait la noisette pourrie.
(Aube, Marne.)

Pluie à la Saint-Jean d'été
Fait noisette noyer.
(Meuse.)

Si l'on veut avoir une belle récolte, il faut coucher sur son fumier la nuit qui précède Saint-Jean.
(Vienne.)

Déshabillez-vous pour la Saint-Jean,
Et le lendemain
Reprenez vos vêtements.
(Vaucluse.)

A la Saint-Jean, verjus pendant,
Argent comptant.
(Vosges.)

Montre-moi une olive à la Saint-Jean,
Je t'en montrerai mille à la Toussaint.
(Bouches-du-Rhône.)

Saint Jean doit une averse ;
S'il ne la paye pas, saint Pierre la doit.
(Côte-d'Or.)

S'il pleut la veille de Saint-Pierre,
La vinée est réduite au tiers.
(Lot-et-Garonne.)

Saint Pierre et saint Paul pluvieux
Pour trente jours sont dangereux.
(Eure.)

De Saint-Paul lou beau temps,
Nous faré viouré contents.

Si le temps est beau le jour de Saint-Paul,
La saison sera bonne pour les hommes et la
récolte.
(Hautes-Alpes.)

Saint Pierre et saint Paul
Lavent les rues de saint Martial.
(Dordogne.)

Saint Pierre pluvieux,
Trente jours douteux.
(Oise.)

Saint Pierre pleure toujours.
(Maine-et-Loire.)

S'il tonne au mois de juin,
Année de paille et de foin.
(Indre.)

Tonnerre en juin,
Cloche au s'rasin.
(Manche.)

La pluie pendant le mois de juin
Donne belle avoine et chétif foin.
(Maine-et-Loire.)

Pluie de juin n'est que fumée.
(Bouches-du-Rhône.)

Juin larmoyeux
Rend le laboureur joyeux.
(Hautes-Alpes.)

Quand il fait du rouille en juin,
Cela fait mal au grain.
(Eure-et-Loir.)

Fleur de juin
N'engendre pas pepin.
(Seine-Inférieure.)

C'est le mois de juin
Qui fait le foin.
(Nièvre.)

JUILLET.

Quand il pleut à la Saint-Calais,
Il pleut quarante jours après.

> (Sarthe.)

S'il pleut le jour de la Saint-Martin bouillant,
Il pleut six semaines durant.

> (Marne, Haute-Marne.)

S'il fait beau le jour de la Saint-Martin, bonne
  récolte.
S'il pleut, moisson molle.

> (Aube.)

S'il pleut le jour de Saint-Benoît,
Il pleuvra trente-sept jours plus trois.

> (Seine-Inférieure.)

Si plueu lou tyourt de Saint-Victor,
La récolto n'es pas d'or.

S'il pleut le jour de Saint-Victor,
La récolte n'est pas d'or.

> (Hautes-Alpes.)

Le jour de Sainte-Madeleine,

La noisette pleine,

La figue mûre,

Le raisin coloré,

Le blé renfermé.

(Hérault.)

A la Madéléna,

La nosé ès plena,

Lou razin vira,

Lou bla estréma.

A la Madeleine,

La noix est pleine,

Le raisin tourné,

Le blé enfermé.

(Gard.)

Les sept dormans (27 juillet)

Remettent le temps.

(Eure.)

S'il pleut le premier jour de la canicule, il pleuvra pendant six semaines, et *vice versâ*.

(Haut-Rhin.)

Au mois de juillet

La faucille au poignet.

(Jura.)

AOUT.

Quand il pleut le 1er août, les noisettes sont pi-
quées de vers.

> (Côtes-du-Nord.)

Quand il pleut le 1er août, c'est signe qu'il n'y
aura pas de regain.

> (Corrèze.)

Saint Laurent arrange les blés noirs.

> (Corrèze.)

De Sén-Laouréns à Nostro-Damo,
La pléjo n'affligio pas l'âmo.

De Saint-Laurent à Notre-Dame,
La pluie n'afflige pas l'âme.

> (Lozère.)

A la mi-août
L'hiver se noue.

> (Manche.)

S'il pleut à la Saint-Laurent,
La pluie est encore à temps ;

Mais à la Saint-Barthélemy
Tout le monde en fait fi.
(Rhône.)

Sé ploou per Sé-Berthoumiou,
Sé t'én moqués, noun foou pas iou.

S'il pleut le jour de Saint-Barthélemy,
Si tu t'en moques, non pas moi.
(Lozère.)

Sé ploou à San-Laouren,
La plejho ven ben aten;
Sé ploou per Nostro-Damo,
Cadun encoro l'aïmo;
Sé ploou à San-Bertoumiou,
Boufo li aou kiou.

S'il pleut à la Saint-Laurent,
La pluie vient à temps;
Si elle vient à Notre-Dame,
Chacun encore l'aime;
Si la pluie vient à la Saint-Barthelemy,
Souffle-lui au derrière.
(Aveyron, Gard.)

S'il pleut à la Saint-Barthélemy,
Il y aura assez de raves et de regain.
(Dordogne.)

A la Saint-Barthélemy,
La perche au noyer,
Le trident au fumier.

> (Ain.)

Pluie d'août
Donne miel et bon moût (vin).

> (Ardèche, Bouches-du-Rhône, Charente-Inférieure,
> Côte-d'Or, Doubs, Jura, Maine-et-Loire, Marne,
> Haute-Marne, Basses-Pyrénées, Rhône, Haute-
> Saône, Tarn-et-Garonne, Vaucluse [*huile* et bon
> moût] Vosges.)

En août,
Il pleut du moût.

> (Bouches-du-Rhône.)

En août, quiconque dormira
Sur midi s'en repentira.

> (Oise.)

Sé ploou ou més d'aous,
Ès tout oli é tout mous.

S'il pleut au mois d'août,
Huile et vin partout.

> (Gard.)

Timps sé ain a-out aveuc
Des gros nuaches bleus,
Neice pou l'hiver.

Temps sec en août
Et gros nuages bleus,
Neige pour l'hiver.

(Nord.)

Tonnerre au mois d'août,
Abondance de grappes et bon moût.

(Drôme.)

Quiconque se marie en août
Souvent n'arrose rien du tout.

(Lot-et-Garonne.)

Au mois d'août,
Le vent est fou.

(Eure.)

Les brouillards d'août emportent les châtaignes.

(Deux-Sèvres.)

Qui dort en août
Dort à son coût.

(Côte-d'Or, Basses-Pyrénées, Somme.)

Ce qu'août n'aura cuit,
Septembre ne le rôtira.

(Haut-Rhin.)

SEPTEMBRE.

A la Saint-Grégoire,
Il faut tailler la vigne pour boire.
(Charente.)

Qui n'a pas semé à la Croix,
Au lieu d'un grain en mette trois.
(Hautes-Alpes.)

Regarde bien, si tu me crois,
Le lendemain de la Sainte-Croix,
Si nous avons le temps serein,
Abondance de tous biens ;
Mais si le temps est pluvieux,
Nous aurons l'an infructueux.
(Vosges.)

Saint Lambert pluvieux,
Neuf jours dangereux.
(Aisne.)

Quand il pleut à la Saint-Matthieu,
Fais coucher tes vaches et tes bœufs.
(Haute-Loire.)

Au 7 septembre sème ton blé,
Car ce jour vaut du fumier ;
Sème tes blés à la Saint-Maurice,
Tu en auras à ton caprice ;
Sème à la Saint-Denis,
Tu contempleras tes semis.

(Côte-d'Or.)

Quand le vent est au nord le jour de la Saint-
Michel, le mois d'octobre est sec.

(Vendée.)

Quand la cigale chante en septembre,
N'achète pas de blé pour le revendre.

(Gard, Rhône.)

Lorsque beaucoup d'étoiles filent en septembre,
Les tonneaux sont alors trop petits en novembre.

(Haute-Loire.)

Septembre est le mai de l'automne.

(Aube.)

OCTOBRE.

Sème le jour de Saint-François,
Ton grain aura du poids.
> (Rhône.)

Le blé semé le jour de Saint-Bruno devient noir.
> (Calvados, Vosges.)

A la Saint-Denis,
La bonne sémerie.
> (Eure-et-Loir.)

Le jour de la Saint-Denis,
Le vent se marie à minuit.
> (Calvados, Seine-Inférieure.)

Où le vent couche à la Saint-Denis, il y reste
les trois quarts de l'année.
> (Ille-et-Vilaine.)

Si le temps est clair le jour de Saint-Denis,
l'hiver sera rigoureux.
> (Cher.)

Entre Saint-Mitcheou et Saint-Francès,
Pren ta vendoumiou taou quès ;
A Saint-Deny pren la si ly.

Entre Saint-Michel et Saint-François,
Prends ta vendange telle qu'elle est ;
A Saint-Denis, prends-la si elle y est encore.
(Hautes-Alpes.)

A la Saint-Luc, il faut semer, que la terre soit
molle ou dure.
(Bouches-du-Rhône, Gard.)

Quon ploou per sén Luc à la sogno,
L'aïgo es néou soubré la montagno.

Lorsqu'il pleut dans le vallon le jour de Saint-
Luc,
L'eau qui tombe est neige sur la montagne.
(Lozère.)

A la Saint-Simon,
Une mouche vaut un pigeon,
Ou un mouton.
(Marne, Haute-Saône, Somme.)

Le vent soufflera les trois quarts de l'année
comme il souffle la veille de la Toussaint.
(Somme.)

NOVEMBRE.

Telle Toussaint, tel Noël.
> (Ain.)

Quelle Toussaint,
Quel Noël,
Pâques au pareil.
> (Ille-et-Vilaine.)

A la Toussaint, les blés semés, les fruits serrés.
> (Eure-et-Loir.)

Autant d'heures de soleil le jour de la Toussaint,
Autant de semaines à souffler dans ses mains.
> (Seine-Inférieure.)

Commencer les semailles le premier vendredi de
novembre.
> (Corse.)

Si l'hiver va son chemin,
Il commence à la Saint-Martin.
> (Ain, Hautes-Alpes.)

Si la lune est à son croissant à la Saint-Martin,
c'est le signe d'un hiver mou et pluvieux.
> (Vosges.)

A Saint-Martin bois le bon vin,
Et laisse l'eau pour le moulin.
> (Tarn-et-Garonne.)

La pleine lune à la Saint-Martin donne abondance de neige.
> (Vosges.)

Le bienheureux saint Martin
Écorne bœufs et rompt moulin.
(Les meuniers et les bouviers se font scrupule
de travailler ce jour-là.)
> (Dordogne.)

Il fait beau de semer son grain
Quand est beau l'été de la Saint-Martin.
> (Charente.)

Si les rivières débordent avant la Saint-Martin.
Elles sont toujours là ou en chemin.
> (Cher.)

On a observé que la température du 18 novembre
(Saint-Martin) doit être celle de l'hiver.
> (Loire.)

A la Sainte-Catherine,
Tout bois prend racine.
> (Ardennes.)

A Santo-Cathérino,
Fai toun bla et ta farino,
Vendré Sant-Andriou
Qui té clavaré toun riou.

A Sainte-Catherine,
Fais moudre ton blé,
Car à Saint-André
Le bief sera gelé.

(Hautes-Alpes.)

A Sante-Catherine, fai ta farine,
Sant André viendra tapara lou vala.

A Sainte-Catherine, fais ta farine.
Saint André viendra qui arrêtera le cours du
    canal.

(Basses-Alpes.)

Quand en novembre il a tonné,
L'hiver est avorté.

(Calvados.)

DÉCEMBRE.

Nostro-Damo des Abéns
Plexos et béns
Et bounetos sur les déns.

Notre-Dame de l'Avent
Pluie et vents
Et bonnets sur les dents.
>   (Tarn.)

Pluie d'orage dans les Avents
Empêche l'hiver d'arriver en son temps.
>   (Morbihan.)

Dins l's Avints de Noué
I n'peut trop pluvoir ni vinter.

Dans les Avents de Noël
Il ne peut trop pleuvoir ni vent r.
>   (Nord, Pas-de-Calais.)

La néou des Abéns
A longues déns.

La neige des Avents
A de longues dents.
>   (Haute-Garonne.)

Quand les Avents sont secs,
L'année sera abondante.
(Vosges.)

Il fait bon semer dans les Avents,
Mais il ne faut pas le dire aux enfants.
(Nièvre.)

De l'bruen dins ch's Avints,
Sène d'boco d'pins.

Du brouillard dans les Avents,
Signe de beaucoup de pommes.
(Nord.)

Dans l'Avent, le temps chaud
Remplit caves et tonneaux.
(Ain.)

Le mois de l'Avent
Est de pluie et de vent.
(Aveyron.)

A Noël les moucherons,
A Pâques les glaçons.
(Ain, Allier, Calvados, Côte-d'Or, Doubs, Eure,
Jura, Haute-Loire, Marne, Mayenne, Meuse,
Moselle, Oise, Pas-de-Calais, Rhône, Haute-
Saône, Somme, Vosges, Yonne.)

Soleil à Noël,
Neige à Pâques.
(Ariége.)

A Noël les *limas* (chaleur),
A Pâques les *grouas* (glace).
(Ille-et-Vilaine.)

Qui prend le soleil à Noël,
A Pâques se gèle.
(Aveyron, Haute-Garonne, Gers.)

Qui à Noël cherche l'ombrier,
A Pâques cherche le foyer.
(Dordogne.)

Quand tu prends à Noël le soleil,
A Pâques tu te rôtis l'orteil.
(Gironde, Haute-Loire, Loire-Inférieure, Hautes-
Pyrénées.)

Qui à Noël se chauffe au soleil,
A Pâques brûle la bûche de Noël.
(Hérault, Lot, Lot-et-Garonne, Lozère, Tarn, Tarn-
et-Garonne.)

Noël à son pignon,
Pâques à son tison.
(Calvados, Côte-d'Or, Gard, Lot-et-Garonne,
Manche, Nièvre, Nord, Pas-de-Calais, Vienne.)

Noël au jeu,
Pâques au feu.

>   (Basses-Alpes, Hautes-Alpes, Bouches-du-Rhône,
>   Vaucluse.)

Rivas (gâteaux de Noël) au pignon,
Pâques (œufs de Pâques) au côpon (tison).

>   (Ardennes.)

Noël à la vie (en chemin),
Pâques à l'acie (près du feu).

>   (Ain.)

Verte fête de Noël,
Blanche fête de Pâques.

>   (Haut-Rhin, Vosges.)

Quan Nadaou ès à l'escuragno,
Forço blat à la campagno;
Quan Nadaou ès à la clarétat,
Forço garbo, paou de blat.

Quand Noël est dans l'obscurité (sans lune),
Beaucoup de blé dans les champs;
Quand Noël est éclairé,
Beaucoup de paille et peu de blé.

>   (Lot-et-Garonne.)

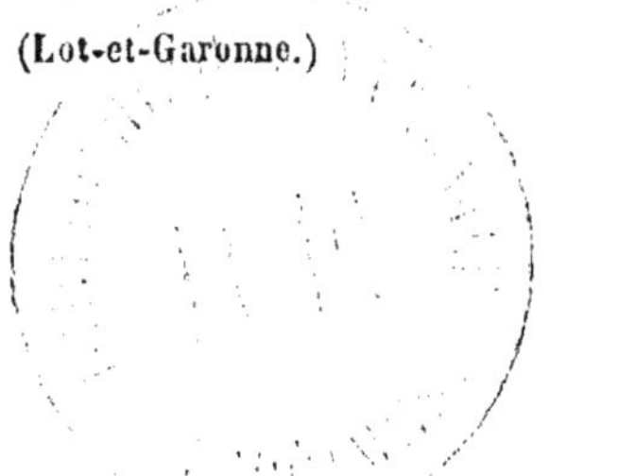

5

Nouvé sensa lune,
Dé très fees n'en reste qu'une.

Noël sans lune,
Sur trois brebis il n'en reste qu'une.
(Basses-Alpes.)

Nadaou sense luo,
De cent aoueillos noun demoro uo.

Noël sans lune,
De cent brebis il n'en restera pas une.
(Hautes-Pyrénées.)

Quand la lune éclaire à la messe de minuit, il
n'y a point de prunes.
(Sarthe.)

Pleine lune le jour de Noël, cherté ;
Vendez votre jument et achetez du grain.
(Côtes-du-Nord)

Le jour de Noël, si la lune luit pour aller à la
messe de minuit et pour en revenir, il y aura
pleine année de pommes ; si elle n'éclaire que
pour aller ou revenir, il y aura seulement
demi-année ; il n'y aura rien si elle n'éclaire
pas du tout.
(Manche.)

Clair de lune à Noël,
Clair dans les champs l'année suivante.
(Morbihan.)

Si pour la Noël à ton souper
Le bout de la chandelle n'a pas courbé.
Il y aura maigre récolte en blé.
(Vaucluse.)

Claire nuit de Noël,
Claires javelles.
(Côtes-du-Nord, Doubs, Meurthe, Pas-de-Calais,
Somme, Vosges.)

Claires matines,
Claires javelines.
(Haute-Saône.)

Quand Noël vient en clarté.
Vends tes bœufs et ta charrette pour acheter du
blé.
(Dordogne)

Kalenda jalada,
Aïra granada.

Quand il gèle à Noël,
Les aires sont chargées de grains.
(Gard.)

La neige à Noël vaut du fumier pour les seigles.
(Finistère.)

Givre à Noé (Noël),
Pommes à mandelé (manne).
(Ardennes.)

Le jour de Noël humide
Donne grenier et tonneau vides.
(Moselle.)

Tonnerre à Noël, pas d'hiver.
(Pas-de-Calais.)

Si i tonne in décimbre,
L'hiver est corrompu.
S'il tonne en décembre,
L'hiver est manqué.
(Nord)

Si Noué toumbo un luns,
Qui a dous bous n'en tuéni un ;
Si Noué es sen luno,
Qui a dous fies n'en tuéni uno.

Si Noël arrive un lundi,
Que celui qui a deux bœufs en tue un ;
Si le jour de Noël est sans lune,
Que celui qui a deux brebis en tue une.
(Hautes-Alpes.)

Noël le jeudi,
C'est la famine.
(Gers.)

Le vent qui souffle à l'issue de la messe de minuit sera le vent dominant de l'année.
(Haute-Saône, Vosges.)

Un bon curé disait à ses paroissiens : A la Noël, monte sur le clocher; si tu vois les blés beaux et verdoyants, peu de pain aux chiens et beaucoup de paille aux bœufs; si tu les vois tristes et peu apparents, c'est le contraire.
(Ardèche)

Tels sont les six jours depuis Noël jusqu'au 1er de l'an, tels sont les six premiers mois de l'année.
(Deux-Sèvres, Somme.)

Les douze jours qui précèdent Noël sont dits jours compteurs, parce qu'ils désignent, mois par mois, le temps qu'il fera l'année suivante.
(Vaucluse.)

INFLUENCES ATMOSPHÉRIQUES

DIVERSES.

INFLUENCES ATMOSPHÉRIQUES DIVERSES.

1º PROVERBES

RELATIFS A PLUSIEURS MOIS.

Janvier et février
Comblent ou vident le grenier.

> (Maine-et-Loire, Meuse, Basses-Pyrénées, Haute-
> Saône.)

Janvier le frileux,
Février le grésilleux,
Mars le poudreux,
Font tout l'an plantureux.

> (Somme.)

Janvier le fier, froid et frileux,
Février le court et fiévreux,
Mars poudreux, avril pluvieux,
Mai joli, gai et venteux,
Dénotent l'an fertile et plantureux

> (Côte-d'Or, Haute-Saône.)

Février més lou vala razié, mar l'agonta, abriou
lou més à soun fiou.

Février emplit le fossé, mars le dessèche, avril
le met à la règle.

(Gard.)

Mars emplit les mares, et avril les vide.

(Somme.)

Sé fébrié non fébrijo,
Sé mars non marséjo,
Touté l'annado malaoutéjo.

S'il ne fait pas mauvais temps en février et en
mars, toute l'année le temps est pluvieux.

(Ariége.)

Mars et marsilloun qu'é passat,
Ni braou, ni baque, nou m'en a coustat.
Abriou, preste m'en un, preste m'en dus, preste
m'en trés, et un qu'en é que haran quouaté,
toutos l'ac haram éspernobaté.

Un riche disait le 30 mars :
J'ai passé mars et marsillon
Sans qu'il m'en ait coûté ni vache ni taurillon.
Mars l'entendit et dit à avril :

Avril, prête-m'en un (jour), prête-m'en deux.
prête-m'en trois, et un que j'ai ça fera quatre.
et nous mettrons tout son bétail aux abois.
(Hautes-Pyrénées.)

Pluie de mars,
Fou (fumier) de chat;
Pluie d'avril,
Fou de brebis.
(Calvados.)

Pluie de février, hâle de mars, rosée de mai,
Rendent le cœur du laboureur gai.
(Nièvre.)

Hâle de mars, rosée de mai et pluie d'avril
Valent mieux que le chariot du roi David.
(Côte-d'Or, Eure, Nord.)

Hâle de mars,
Pluie d'avril
Et rosée de mai
Remplissent le grenier.
(Allier, Aveyron, Gard.)

Mars sec, avril humide, mai doux,
Remplissent granges et tonneaux.
(Morbihan.)

Mars sec, avril humide, mai frais,
Remplissent la grange du paysan.
> (Haut-Rhin, Haute-Saône.)

Mars doit être sec,
Avril pleuvoir fil à fil,
Et mai mouiller tous les jours les pieds.
> (Ariége.)

Mars sec, avril humide, chaud mai,
Temps à souhait.
> (Aube, Nord, Marne, Pas-de-Calais.)

Mars aride, avril humide.
Mai entre froid et pluvieux,
Présagent l'an fructueux.
> (Meuse.)

Poussière de mars,
Feuilles d'avril
Et flaques de mai
Sont trois bonnes choses.
> (Haut-Rhin.)

Le bourgeon de mars
Remplit le char;
Celui d'avril
Le baril;

Celui de mai
Le chai.
> (Gers, Haute-Garonne.)

Hâle de mars, pluie d'avril, rosée de mai,
Rendent août et septembre gais.
> (Gers, Maine-et-Loire, Oise, Puy-de-Dôme, Rhône.)

Bise de mars et vent d'avril
Font la richesse du pays.
> (Ain.)

En mars taille gras,
En avril taille chéti.
> (Charente.)

Avril et mai de l'année
Font eux seuls la destinée.
> (Aube, Lot-et-Garonne, Nièvre.)

Que mars veuille ou non veuille,
Il faut qu'avril feuille.
> (Drôme.)

Gras avril, chaud mai,
Amènent grain au balai.
> (Loire-Inférieure.)

Avril frais et mai chaud
Remplissent la grange jusqu'au haut.
> (Ille-et-Vilaine.)

Avril frais, mai chaud,
Prépare ta grange et tes tonneaux.
　　(Meuse.)

Avril pluvieux, mai venteux,
Annoncent an fécond et gracieux.
　　(Oise.)

En mai rosée, en mars grésil,
Pluie abondante au mois d'avril,
Le laboureur est plus content
Que s'il trouvait beaucoup d'argent.
　　(Meuse.)

Avril plochous (pluvieux),
Mai sourcilloux (avec du soleil).
Rend le paysan orgouilloux.
　　(Hérault.)

Mars poussiéreux,
Avril pluvieux,
Mai abondant en rosée,
Rendent le paysan orgueilleux.
　　(Lot, Lot-et-Garonne, Tarn.)

En avril nuées,
En mai rosées.
　　(Haute-Saône.)

Mars venteux, avril rosineux, mai poudreux.
Riches laboureux.
    (Bouches-du-Rhône, Cher.)

Abril bléjous et mai bentoux
For pa lou pays disettoux.

Avril pluvieux et mai venteux
Ne rendent pas le pays disetteux.
    (Lozère.)

Avril pleut aux hommes.
Mai pleut aux bêtes.
    (Haute-Saône.)

Mars venteux. avril et mai pluvieux, juin radieux.
Le laboureur est sûr de manger une bonne soupe.
    (Gironde, Hautes-Pyrénées.)

Mars poudreux, avril et mai pluvieux. juin sec
Abondance.
    (Gers.)

Mars hâleux,
Avril pluvieux,
Font mai joyeux.
    (Somme, Vaucluse.)

Froid avril et chaud mai
Mettent le pain dans la main.
    (Haute-Marne, Vosges.)

Avril frais donne du pain et du vin :
Si mai est froid, il moissonne tout.

(Bouches-du-Rhône.)

Gelée d'avril ou de mai,
Misère nous prédit au vrai.

(Nièvre.)

Lou més d'abriou qué pléo lou barril,
Et lou més dé may qué pléo lou trag.

Le mois d'avril remplit le baril.
Et le mois de mai le cellier.

(Gers.)

Le vin d'avril
Est un vin de Dieu ;
Le vin de mai
Est un vin de laquais.

(Dordogne.)

Qui va voir la récolte au mois d'avril
S'en revient plus mort que vif ;
Qui la visite au mois de mai
S'en revient le cœur gai.

(Drôme.)

Georget (23 avril), Marquet (25 avril), Colinet
  (9 mai) Nicolas,
Sont trois méchants garçonnets.
        (Oise.)

Georget (23 avril),
Marquet (25 avril),
Croiset (3 mai),
Servet (13 mai),
Sont quatre mauvais garçonnets ;
Et encore Philippet (26 mai),
S'il s'en mêlait.
          (Haute-Saône.)

Garo de Georget, Marquet, Crouzet et Janet,
Quand sé y met.

Gare à saint George, saint Marc (fin d'avril),
Sainte Croix et saint Jean (commencement de
    mai),
Quand ils s'y mettent.
        (Hérault.)

L'invention de la sainte Croix (3 mai),
Saint Jean porté latine (6 mai),
Saint Paul ermite (10 janvier);

Ces trois marchands de pain et de vin font la débite.
(La récolte dépend du temps qu'il fait à ces
époques.)
(Eure-et-Loir.)

Quand on sème les haricots le jour de la Saint-
Didier (25 mai),
On les récolte à la poignée ;
Si on les sème à la Saint-Claude (5 juin).
Ils rattrapent les autres.
(Haute-Saône.)

Qu'il bruine en avril,
Qu'il pleuve sans cesse en mai,
Qu'il fasse beau en juin et juillet,
Le laboureur sera satisfait.
(Hautes-Pyrénées.)

Chaud mai, frais juin,
Donnent pain et vin.
(Marne.)

Mai fait le blé,
Et juin le foin.
(Aveyron.)

Mai froid et juin chaud
Remplissent le grenier jusqu'au haut.
(Ille-et-Vilaine.)

Frais mai, chaud juin,

Amènent pain et vin.

> (Ardennes, Calvados, Eure, Lozère, Manche, Oise,
> Haute-Saône, Seine-et-Oise.)

Froid mai, chaud juin,

Remplissent les granges jusqu'aux coins.

> (Oise.)

Pluie de mai détruit l'avoine,

Pluie de juin la sauve.

> (Côtes-du-Nord.)

Lorsqu'il pleut le 5 mai,

Il n'y a pas de noix ;

Lorsqu'il pleut le 15 juin,

Il n'y a pas de raisin ;

Quand il pleut à la Saint-Barnabé,

Il y a de l'avoine partout où on a semé.

> (Morbihan.)

L'orage avant l'Ascension

N'amène que quesson (plainte, du mot latin *queri*,
   se plaindre).

> (Mayenne.)

Avant la Pentecôte,

Ne découvre tes côtes.

> (Ain.)

Dieu nous garde de la poussière de mai
Et de la fange d'août.

(Ariége, Corrèze, Lozère, Hautes-Pyrénées.)

Là où atteint la brume de mars, la neige d'avril
y descendra.

(Ariége.)

Ce que le mois d'août ne mûrit pas,
Ce n'est pas septembre qui le mûrira.

(Haut-Rhin.)

Août mûrit, septembre vendange,
En ces deux mois tout bien s'arrange.

(Charente, Côte-d'Or, Basses-Pyrénées, Haute-
Saône.)

Si décembre et janvier ne font leur chemin,
Février fait le lutin.

(Rhône.)

Si l'hiver ne fait son devoir
Aux mois de décembre et janvier,
Au plus tard il se fera voir
Pour le deuxième février.

(Meuse.)

Si l'hiver va droit son chemin,
Vous l'aurez à la Saint-Martin ;
S'il trouve quelque encombrier,
Vous l'aurez en avril ou mai.

(Jura.)

Si l'hiver va droit son chemin,
Vous l'aurez à la Saint-Martin :
Ou bien s'il en varie,
Saint André ou Marie
L'amèneront pour certain ;
Mais s'il tarde ni tant ni quant,
Ce sera pour carême prenant.

(Meuse.)

Si l'hiver va droit son chemin,
Vous l'aurez à la Saint-Martin ;
S'il tarde tant seulement,
Vous l'aurez à la Saint-Clément ;
S'il trouve quelque encombrée,
Vous l'aurez à Saint-André ;
Si vous ne l'avez ni cai ni lai,
Vous l'aurez en avril ou mai.

(Haute-Loire, Haute-Saône, Rhône.)

La lune de la Saint-Jean gouverne le temps jusqu'à la Noël,

Et la lune de Noël le gouverne jusqu'à la Saint-Jean.
> (Ariége.)

Quand il tonne entre la Toussaint et Noël, l'hiver est en retard.
> (Vendée.)

Entre la Toussaint et Noël,

Il ne peut trop pleuvoir ni trop venter.
> (Basses-Pyrénées, Vosges.)

Les douze jours entre Noël et les Rois

Indiquent le temps des douze mois de l'année.
> (Vosges.)

L'intervalle entre Noël et le jour des Rois, comprenant douze jours, est appelé dans le pays *jours des lots.*

Pendant ces douze jours, pour connaître le temps qu'il fera pendant l'année entière, on prend les dispositions suivantes :

On place en ligne douze oignons creusés en forme de coquilles de noix, et cela dès le 25 décembre, dans l'ordre suivant :

1 2 3 4 5 6 7 8 9 10 11 12

0 0 0 0 0 0 0 0 0 0 0

Dans chaque oignon ainsi creusé, on met une pincée de sel. Le premier, en commençant par la gauche, correspond au mois de janvier et les autres aux mois suivants d'après leur rang.

Au jour des Rois, qui est le dernier des *jours des lots*, on examine les oignons. Là où le sel n'est pas fondu, le mois correspondant doit être sec : là où il est fondu, le mois correspondant doit être humide.

Un mois avant et après Noël,
L'hiver se montre plus cruel.

(Haute-Saône.)

Entre Noël et la Chandeleur,
Il vaut mieux voir un loup aux champs
Qu'un carton (valet) laboureur.

(Nord.)

2º INFLUENCE DE LA NEIGE.

Année de neige,
Année de blé.

(Lozère, Tarn.)

Année neigeuse,
Année fructueuse
Ou plantureuse.

(Aveyron, Ariége, Côte-d'Or, Gers, Haute-Garonne ,
Maine-et-Loire, Mayenne, Haute-Saône , Vosges.)

Année nubileuse et neigeuse
Est fructueuse et plantureuse.

(Loiret.)

An de neige,
An de bien.

(Nièvre.)

Année de neige, année de bon grain ;
Année de guêpes, année de bon vin.

(Côte-d'Or.)

On dé néou remplis lou granio,
On rasclé apaouris lou mounio.

Année neigeuse remplit le grenier,
Année sans neige appauvrit le meunier.

(Lozère.)

Pour que l'année soit bonne, il faut que la neige
couvre le sol neuf fois.

(Gironde.)

Neige au blé fait tel bénéfice
Qu'au vieillard sa bonne pelisse.

(Maine-et-Loire, Meurthe, Haute-Saône, Vosges.)

Deux pouces de neige enterrés
Valent mieux que deux lignes de gelée.

(Haute-Saône.)

Chaque couche de neige
Vaut une couche de fumier.

(Tarn.)

Huit jours de neige c'est fumure,
Huit jours au delà c'est poison.

(Aveyron.)

Nejho de iocht jhours maïre de la terro,
De iocht jhours en laï marastro.

Neige de huit jours est la mère de la terre,
Neige de plus de huit jours en est la marâtre.

(Gard.)

6

Plus il neige,
Moins il grêle.

(Haute-Marne.)

Il faut toujours s'attendre à la neige du coucou.

(Ariége.)

Année neigeuse,
Année fructueuse ;
Année venteuse,
Année pommeuse.

(Somme.)

3° INFLUENCES DE LA LUNE.

Sème, pour la rendre féconde,
En pleine lune plante ronde.
(Tarn-et-Garonne.)

Sème dans le déclin,
Tu auras du grain.
(Pas-de-Calais.)

Il faut toujours planter et semer en vieille lune.
(Aube.)

Toute graine semée en nouvelle lune est moitié
perdue.
(Yonne.)

Sème le blé quand la lune est grande,
L'avoine quand la lune est petite,
Les carottes au croissant,
Les pommes de terre au décours de la lune.
(Côtes-du-Nord.)

Il faut semer les graines artificielles le premier
mercredi de la lune, pour que les fourrages
soient moins pernicieux aux bestiaux lorsqu'ils
les mangent sur pied.
(Nièvre.

Si on sème les graines à la nouvelle lune,
Elles s'élèvent, puis disparaissent.
> (Finistère.)

Il ne faut ni planter ni semer pendant la nouvelle
lune.
> (Rhône, Tarn, Vosges.)

Sème ta graine en décours,
Elle germera toujours.
> (Ille-et-Vilaine.)

Pour la semence des plantes à tubercules, avant
la pleine lune;
Pour les choux, les laitues et les grains du jardi-
nage, après la pleine lune.
> (Eure.)

Les légumes ne sont de bonne cuite que s'ils ont
été semés en lune vieille.
> (Gard.)

Les haricots doivent être semés après la pleine
lune.
> (Finistère.)

Les labours se font généralement en vieille lune,
pour empêcher la folle-avoine.
> (Gers.)

En jeune lune ne faut emblaver
Que le vendredi dit le premier.
(Nièvre.)

Pour détruire les chardons,
En décours tracez vos sillons.
(Seine-Inférieure.)

En jeune lune la vigne ne plante.
Non plus ne taille la jeune plante.
(Gironde.)

En lune nouvelle il ne faut ni semer les grains
du printemps ni tailler le bois.
(Puy-de-Dôme.)

Les arbres greffés en lune jeune ne donnent de
fruit que dans trente ans.
(Hérault.)

Les vignes vieilles doivent se tailler en lune jeune.
(Gers.)

Il ne faut pas tailler la vigne quand la lune est
sur son déclin.
(Yonne.)

La vigne taillée en lune jeune fait du bois ;
Taillée en lune vieille, elle donne du fruit.
(Hautes-Alpes, Ardèche, Aube, Hérault, Puy-de-Dôme,
Hautes-Pyrénées.)

Ramasser les fruits en lune dure,
Couper les bois en lune jeune.
(Allier.)

Il faut planter la pomme de terre et le blé, et
tailler la vigne, au déclin de la lune.
(Loire-Inférieure.)

On coupe en lune vieille les arbres destinés au
bois de service, pour que les vers ne s'y mettent pas.
(Corse, Gard.)

Si l'on coupe les branches des têtards en jeune
lune, elles poussent en bas.
(Vienne.)

Si la taille des arbres a lieu en jeune lune, les
pousses se dirigent en bas.
(Deux-Sèvres.)

Le vin décuvé à la nouvelle lune ne se dépouille
jamais aussi bien.
(Hautes-Alpes.)

Le décours convient à la taille des arbres.
(Eure.)

Si vous voulez du bon bois d'œuvre, il faut l'a-
battre à la lune vieille.
(Puy-de-Dôme, Haute-Saône.)

En lune jeune foin coupé
Est de mauvaise qualité.
>(Drôme.)

Si l'on enterre le fumier en nouvelle lune, il est
mangé par les vers.
>(Aube.)

La meilleure condition météorologique pour les
travaux agricoles est l'époque qui se rapproche
le plus de la pleine lune; la plus mauvaise
celle qui s'en éloigne le plus.
>(Vienne.)

Ne tondre ni tuer les porcs en lune dure,
Ne pas semer en lune jeune.
>(Allier.)

Il faut abattre la truie à la lune vieille,
Et le mâle à la lune nouvelle.
>(Puy-de-Dôme.)

On ne tue pas les porcs en lune décroissante, de
peur que le lard ne décroisse en séchant.
>(Gard.)

Les vaches qui vont au taureau à la vieille lune
ont des veaux mâles.
>(Finistère.)

La vache que l'on mène au taureau à la lune
nouvelle donne une velle.

Celle qu'on mène au taureau à la lune vieille
donne un veau.

(Puy-de-Dôme.)

Les poulets éclos en *morte lune* s'élèvent difficilement.

(Eure.)

Tel est le quatrième jour de la lune, tel sera le
temps de la lune entière, à moins que le
sixième n'apporte un changement.

(Ain.)

Ne crois pas l'hiver fini, si la lune n'a fait son
troisième quartier.

(Tarn.)

Tout lundi vaut bonne lune.

(Vaucluse.)

Lune de mercredi et femme barbue,
De si loin que je te vois, je te salue.

(Gers.)

Lune de mercredi,
Femme barbue,

Tous les cent ans
C'est assez d'une.

(Aveyron , Hérault, Lot , Lozère , Tarn.)

Le laboureur lunier (cultivateur croyant à l'influence de la lune)
Ne remplit pas son grenier.

(Ariége , Drôme , Haute-Garonne , Haute-Loire , Lot ,
Vaucluse.)

Quelques cultivateurs croient à l'influence de la
lune; d'autres, au contraire, n'en tiennent aucun compte et disent: *Qui lunatte folatte.*

(Ain.)

4° CHANGEMENT DE TEMPS.

Pluie du matin

N'étonne

Ou N'effraie   } le pèlerin.

Ou N'arrête pas }

    (Allier, Charente-Inférieure, Côte-d'Or, Jura, Loiret,
    Meurthe, Oise, Rhône, Haute-Saône, Saône-et-
    Loire, Vosges.)

Brouillard du matin

N'arrête pas le pèlerin.

    (Eure.)

L'rousée du matin

N'empêche point l'pèlerin.

    (Nord.)

Pluie matinale

N'est pas journale.

    (Ille-et-Vilaine.)

Pléjo qué toumbo lou mati

Diou pas émpacha dé parti.

La pluie qui tombe le matin

Ne doit pas empêcher de partir.

    (Lozère.)

Matinée obscure,

Journée sûre.

    (Drôme.)

Pluie du matin
Passe son chemin;
Pluie du soir
Fait son devoir.

(Marne, Haute-Marne, Meuse.)

Les brouillards en lune jeune, les brouillards en
lune vieille, sont un signe de beau temps.

(Dordogne.)

Brouillard dans la vallée,
Bonhomme, va à ta journée;
Brouillard sur le mont,
Bonhomme, reste à la maison.

(Meuse, Pas-de-Calais.)

Brouillard sur les marais,
Beau temps pour les varlets;
Brouillard sur les bos (bois),
De l'eau sur nos dos.

(Oise.)

Si le brouillard s'élève, signe de pluie;
S'il tombe, signe de beau temps.

(Loiret.)

Brouillard qui s'élève en automne
Présage le beau temps.

(Ardennes.)

Pays bas clair,
Montagne obscure,
Beau temps assure.
(Ariége.)

Brumo dé coumbou,
Baïten à l'oumbro;
Fun de puéx,
Baïten al liéx.

Brouillard du vallon,
Va-t'en à l'ombre;
Brouillard de montagne,
Va-t'en au lit.
(Tarn.)

La lune mange les nuages.
(Haute-Saône.)

Lune brillante et blanche en même temps,
Pour plusieurs jours nous promet le beau temps.
(Haute-Loire.)

Quand la lune est nouvelle en beau temps, il
pleut avant le septième jour; quand elle l'est
en mauvais temps, il fait beau trois jours après.
(Gironde.)

Luno claro, lusinto è bloncho,
Promet une journado froncho.

Lune claire, luisante et blanche,
Promet une journée franche.
(Lozère.)

Il fait beau temps quand les cornes de la lune
sont en haut, mauvais temps lorsqu'elles sont
en bas.
(Gers, Vienne.)

Observe de la lune
Les cent heures premières;
S'il ne pleut dans aucune,
Belle sera la lune entière.
(Côte-d'Or.)

Brouillard dans le croissant,
C'est signe de beau temps;
Brouillard dans le décours,
C'est de la pluie avant trois jours.
(Pas-de-Calais, Seine-Inférieure, Somme.)

La lune pâle annonce la pluie;
La lune rougeâtre annonce le vent;
La lune blanche annonce le beau temps.
(Gard, Lot-et-Garonne, Nièvre, Hautes-Pyrénées,
Haute-Saône, Vaucluse.)

Lune blanco, journado franco;
Lune palo, l'aïgue devalo.

Lune blanche, journée franche ;
Lune pâle, l'eau tombe.
(Bouches-du-Rhône.)

Si lou couguou cante à l'ubac, pluie de man ouras ;
Si cante à l'adrech, béou temps aourés.

Si le coucou chante au nord, pluie au lendemain ;
S'il chante au midi, beau temps.
(Basses-Alpes.)

Quand la pluie ven déilaval,
Pren tei vaques, vai labourar ;
Si la pluie ven deilamoun,
Pren tei vaques, vai a meison.

Quand la pluie vient d'en bas,
Prends tes vaches et va labourer ;
Si la pluie vient d'en haut,
Prends tes vaches et retourne à la maison.
(Basses-Alpes.)

Arc-en-ciel du matin
Fait tourner le moulin ;
Arc-en-ciel du soir,
Espoir.
(Charente-Inférieure.)

Arc-en-ciel du matin
Fait mouvoir le moulin ;

Arc-en-ciel du soir
Fait mouvoir l'arrosoir.
> (Doubs.)

Arc-en-ciel du levant,
Beau temps;
Arc-en-ciel du midi,
Pluie.
> (Haute-Saône.)

Arc-en-ciel du matin,
Bonhomme, pousse ton chemin;
Arc-en-ciel du soir,
Rentre au manoir.
> (Ille-et-Vilaine.)

Arc-en-ciel du soir
Fait beau temps prévoir;
Arc-en-ciel de matinée
Du laboureur finit la journée.
> (Lot, Maine-et-Loire, Basses-Pyrénées, Hautes-Pyré-
> nées, Somme, Tarn, Vosges.)

L'arc-en-ciel du matin
Donne à boire au voisin,
Et l'arc-en-ciel du soir
Au voisin donne espoir.
> (Pas-de-Calais.)

Arc-en-ciel devant,
Bouvier, pars pour le champ ;
Arc-en-ciel derrière,
Retire-toi dans ta chaumière.
(Hautes-Pyrénées.)

Arc-en-ciel du soir, grand vent ;
Du matin, grande pluie.
(Vienne.)

L'arc-en-ciel dit pluie du matin,
Mais le soir il n'annonce rien.
(Tarn-et-Garonne.)

Arc-en-ciel du matin,
Bonne femme, mets tes vaches en chemin :
Arc-en-ciel du soir,
Tu verras pleuvoir.
(Ille-et-Vilaine.)

Le ciel rouge au soleil couchant
Annonce la pluie ou le vent.
(Tarn-et-Garonne.)

Rouge soirée
Et grise matinée
Sont signes de belle journée.
(Côte-d'Or , Ille-et-Vilaine, Marne.)

Rouge soir et blanc matin,
C'est la journée du pèlerin.
> (Gers, Ille-et-Vilaine, Lot-et-Garonne, Nièvre, Pas-
> de-Calais, Seine-Inférieure.)

Rouge le matin,
C'est de la pluie pour le voisin;
Rouge du couchant
Promet beau temps.
> (Drôme, Morbihan.)

Le ciel rouge le soir,
Le lendemain beau se fait voir.
> (Basses-Pyrénées.)

Soleil se couchant dans des nuages rouges annonce
beau temps, quelquefois du vent.
> (Moselle.)

Les rougeurs du matin
Font tourner le moulin;
Les rougeurs du soir
Font sécher les toits. .
> (Jura, Haute-Saône.)

Au coucher du soleil, si les nuages sont rouges
au levant,
Pour le lendemain c'est le beau temps.
> (Eure-et-Loir.)

Rouge le soir, blanc le matin,

C'est la journée du pèlerin;

Blanc le soir, rouge le matin,

Fait tourner la roue du moulin.

(Ain, Ardennes, Calvados, Meurthe, Moselle.)

Rouge du soir,

Bon espoir;

Rouge du matin,

Trompe le voisin.

(Basses-Alpes, Aveyron, Bouches-du-Rhône, Gard, Hérault, Lozère, Vaucluse.)

Le soleil se levant comme un rouge miroir

Annonce de l'eau pour le soir;

Mais si, tout au contraire, il est rouge le soir,

D'un beau jour pour demain il nous donne l'espoir.

(Haute-Loire.)

Quand les grenouilles chantent le soir, il fait beau le lendemain.

(Yonne.)

Quand les chouettes chantent le soir, signe de beau temps.

(Ille-et-Vilaine.)

Quand le soir, au coucher du soleil, on voit des troupes de petits moucherons tourbillonner et

se jouer dans l'air, présage de beau temps
pour le lendemain.

(Côte-d'Or.)

Horizon rouge, signe de vent ou de pluie.

(Gers.)

Aube rouge, vent ou pluie.

(Ariége, Gers, Hautes-Pyrénées, Tarn.)

Rougie du matin fait pleurer le pèlerin;
Rougie du soir fait tarir la mer.

(Saône-et-Loire.)

Ten rouge,
Ben ou plouge.

Temps rouge,
Vent ou pluie.

(Gironde.)

Le temps blanc
Met la ménagère hors champ.

(Eure-et-Loir.)

Pour avoir une belle journée, il faut que le temps
soit blanc le matin, rouge à midi, et gris le soir.

(Loiret.)

Bourdéous clar, mountagno escuro,
Lé temps s'assiguro.

Bordeaux clair, montagne obscure,
Le temps est sûr.
(Haute-Garonne, Gers.)

Les campagnards ont pour baromètre le liseron
des champs, le souci pluvial, la belle-de-jour
et autres plantes qui, aux approches de la
pluie, ferment leurs calices; c'est ce qui fait
appeler le mouron le baromètre du pauvre.
(Moselle.)

Quand l'hirondelle rase la terre, signe de pluie;
Quand elle s'élève, signe de beau temps.
(Haute-Saône, Seine-Inférieure.)

Le temps qu'il fait le trois,
Il le fait le mois.
(Haute-Loire.)

Si l'on voit les étoiles entourées de brouillard,
Un vent très-froid ne peut être en retard.
(Haute-Loire.)

Petite pluie abat grand vent.
(Allier, Calvados, Gironde, Ille-et-Vilaine, Haute-
Loire, Marne, Meuse, Oise, Haute-Saône, Saône-
et-Loire, Vienne.)

Petite pluie abat grand vent,
Et donne grain et vin souvent.
(Maine-et-Loire.)

Chien qui se roule annonce du vent ;
S'il mange de l'herbe, il pleuvra.

(Morbihan.)

Le chant du pivert annonce la pluie ;
Celui de la grive, la neige.

(Ariége.)

Quand les bêtes à cornes rentrent à l'étable la
    queue en trompette, c'est signe d'orage ;
Quand elles agitent leurs pieds de derrière, c'est
    signe de neige.

(Ariége.)

Le premier orage qu'il fait,
Aux autres donne un chemin tout fait.

(Haute-Loire.)

Les orages viennent toute l'année
Du côté d'où est venu le premier.

(Nièvre.)

Fun de pèt
Boto-te ol lèt ;
Fun de coumbo,
Boto-te o l'oumbro.

Fumée de pic (vapeur sur les montagnes, signe
    de pluie),
Mets-toi au lit ;

Fumée de vallon,
Mets-toi à l'ombre (le soleil dardera).
(Lot.)

Quand il tonne beaucoup avant la Saint-Jean.
Il ne tonne plus dans le même an.
(Doubs.)

Brouillard du matin, tonnerre certain;
Tonnerre du matin, tout le jour sans fin.
(Hautes-Pyrénées.)

Lune quand tu verras
Nouvelle le mardi-gras,
Force tonnerre tu entendras.
(Aveyron.)

Tonnerre d'hiver,
Tonnerre d'enfer.
(Vaucluse.)

Cant las agassos
Faou bas liour niou,
Trouno soubén
Pendén lestiou.

Quand les pies
Font bas leur nid,

Il tonne souvent
Pendant l'été.

(Tarn.)

S'il tonne dans la forêt vide,
Que jeunes et vieux se réjouissent.

(Haut-Rhin.)

Les tonnerres du soir amènent l'orage,
Ceux du matin le vent,
Ceux du midi la pluie.

(Calvados.)

Quand on entend la grive chanter,
Cherche la maison pour t'abriter,
Ou du bois pour te chauffer.

(Dordogne.)

Quand le buisson blanc (l'aubépine) entre en fleurs,
Crains toujours quelques fraîcheurs.

(Dordogne.)

Quand les oignons ont trois pelures,
Grande froidure.

(Oise.)

Quand les grenouilles coassent,
Point de gelées ne menacent.

(Haute-Saône.)

Quand l'agraüle passe bas,
Debat l'ale porte lou glas ;
Quand passe haut,
Porte lou quaut.
Quand le corbeau passe bas,
Sous l'aile il porte la glace ;
Quand il passe haut,
Il porte la chaleur.
(Gironde.)

Quand, après quelques jours de beau fixe, on voit,
le long des chemins et des sentiers, de nom-
breux petits cônes de poussière rougeâtre, on
peut s'attendre à une sécheresse.
(Côte-d'Or.)

Vilain lundi,
Belle semaine.
(Manche, Haute-Saône.)

Tel temps le vendredi, tel temps le dimanche.
(Somme.)

Brume obscure
Trois jours dure.
(Basses-Pyrénées.)

PRONOSTICS ET PROVERBES

RELATIFS A LA PLUIE.

PRONOSTICS ET PROVERBES RELATIFS A LA PLUIE.

Pluie abondante pendant l'automne
Annonce printemps sec.
>(Morbihan.)

Petite pluie salit la terre,
Grande pluie l'approprie.
>(Vosges.)

Année de pluie
Manque de fruits.
>(Haute-Loire.)

Bruine est bonne à la vigne
Et est à blé la ruine.
>(Côte-d'Or.)

Si l'été est pluvieux,
L'hiver sera rigoureux.
>(Moselle.)

Hiver pluvieux,
Été abondant.
>(Vaucluse.)

Hiver trop beau,
Été en eau.
>(Ille-et-Vilaine.)

Jamais pluie au printemps
Ne passe pour mauvais temps.
(Gers, Maine-et-Loire.)

Temps pommelé, fille fardée,
Ne sont pas de longue durée.
(Ain, Ardennes, Aveyron, Calvados, Côte-d'Or, Eure,
Eure-et-Loir, Hérault, Ille-et-Vilaine, Haute-Loire,
Marne, Mayenne, Meurthe, Meuse, Nièvre, Nord,
Oise, Pas-de-Calais, Haut-Rhin, Haute-Saône, Seine-
Inférieure.)

Ciel pommelé,
Beau temps passé.
(Lot-et-Garonne.)

Ciel poumelat, bel téms nou duro.

Ciel pommelé, beau temps de courte durée.
(Lozère.)

Quan lou ciel perdigo,
Sé non plaou non trigo.

Quand le ciel est pommelé,
S'il ne pleut pas, il tarde peu.
(Lot-et-Garonne.)

Quan lou sourcil sé coutcho dam b'un capèt,
Anounço qué lendouman sera pas bèt.

Quand le soleil se couche avec un chapeau,
Cela annonce que le lendemain ne sera pas beau.
>(Lot-et-Garonne.)

Temps qui se fait beau la nuit
Dure peu quand le jour luit.
>(Basses-Pyrénées.)

Belle matinée,
Laide journée.
>(Nord.)

Brouillard qui remonte en été
Annonce la pluie.
>(Ardennes.)

Quand le temps est trop gai le soir,
Il pleure le matin.
>(Côte-d'Or.)

Ciel très-étoilé
N'est pas de longue durée.
>(Moselle.)

Étoiles plus brillantes que de coutume, pluie pro-
bable.
>(Meurthe.)

Quand lou ciel perdiguo,
Cé non plaou non triguo.

Quand le ciel est tacheté,
La pluie ne tarde pas à arriver.
(Gers.)

Quand les étoiles baignent, signe de pluie.
(Haute-Saône.)

Si plus qu'à l'ordinaire les étoiles grossissent,
C'est de l'eau que bientôt les nuages vous pissent.
(Haute-Loire.)

Temps rouge au matin
Met la pluie en chemin.
(Bouches-du-Rhône, Mayenne.)

Rouge le matin
Fait tourner le moulin.
(Vosges.)

Temps rouge le matin
Annonce la pluie soudain.
(Vosges.)

Le temps rouge au levant
Annonce la pluie dans quelques instants.
(Vosges.)

Roujhé dé mati
Bagno soun versi

Le rouge du matin (le ciel rouge)
Arrose le voisin.
(Gard.)

Temps sanguin
Donne la pluie le lendemain.
(Ille-et-Vilaine.)

Cant lou sourél sé régardo,
De plexo prén té gardo.

Quand le soleil se regarde (lorsque la lumière
rayonnante du soleil couchant est réfléchie par
des nuages),
De la pluie prends garde.
(Tarn.)

Quand le ventoux a son chapeau,
S'il ne pleut pas, il pleuvra tôt.
(Vaucluse.)

Le temps cuivreux au couchant
Annonce de la pluie sûrement.
(Vosges.)

Mer claire et montagne obscure
Annoncent la pluie sûre.
(Hérault.)

Mountagno claro,
Bourdeaux œscur,
Abén la plexo al ségur.

Montagne claire,
Bordeaux obscur,
On a la pluie à coup sûr.
(Tarn, Tarn-et-Garonne.)

Arc-en-ciel du matin, signe de pluie.
(Nord, Somme.)

Arc-en-ciel du matin
Abreuve le moulin.
(Côte-d'Or.)

L'arcolan de la matinado
Tiro lou boué de la laourado.

L'arc-en-ciel du matin
Chasse le bouvier de son labour.
(Lot-et-Garonne.)

Al ara sin cu lave.
Elle (la gelée blanche) aura le cul lavé.
(Nord.)

Une forte gelée blanche
Passe toujours sous la planche.
(Nièvre.)

Quand la gelade est blanque, la plouge li cante
au cul.

Quand la gelée est blanche, la pluie lui chante au
derrière.

(Gironde.)

Le vent la nuit,
La pluie avant midi.

(Ain.)

Quand il pleut à la bise,
Il pleut à sa guise.

(Haute-Marne, Vienne, Vosges.)

Quand il pleut par le vent de bise,
Il pleut tant qu'on s'en avise.

(Yonne.)

S'il pleut par la bise,
Il en tombe jusqu'à la chemise.

(Ain, Saône-et-Loire.)

Quand la pluie vient du nord, elle dure trois jours.

(Yonne.)

Quand la pluie vient d'amont,
La terre trempe jusqu'au fond.

(Oise, Seine-et-Oise.)

Le vent d'amont
Produit une pluie sans raison (continuelle).
(Somme.)

Le solaire (vent du levant),
Pluie en l'air.
Le grand vent (vent du midi)
La répand.
(Haute-Saône.)

Si la bise vient du couchant,
La pluie arrive incontinent.
(Haute-Loire.)

Qu'ind i pleut à zieux d'vaques,
Chest pou tros jours.

Quand la pluie en tombant forme des yeux de
vaches,
C'est pour trois jours.
(Nord.)

Pluie qui fume en tombant
Doit durer longtemps.
(Calvados, Côtes-du-Nord, Ille-et-Vilaine, Meuse,
Moselle, Basses-Pyrénées, Rhône, Haute-Saône.)

S'il pleut le vendredi,
Jamais la terre trop ne se ramollit.
(Haute-Saône.)

Quand il pleut le dimanche entre deux messes,
il pleut toute la semaine.
(Ille-et-Vilaine.)

Lorsque le pivert crie,
Il annonce la pluie.
(Eure-et-Loir.)

Quind chés arondelles volent à tierre,
Adiu l'poussière.

Quand les hirondelles rasent la terre,
Adieu la poussière.
(Nord.)

Quand les pies font leur nid en bas, c'est signe
d'orage.
(Vienne.)

Si, quand il pleut, les poules vont à l'abri,
Dites que la pluie s'en va finie;
Si elles restent dehors et se laissent mouiller,
Ne pensez pas que la pluie va cesser.
(Côte-d'Or, Haute-Saône, Seine-Inférieure.)

Lorsque les poules se couchent tard, c'est signe
de pluie pour le lendemain.
(Cher.)

Si le coq chante le soir,
La pluie lui court au derrière.
(Gironde.)

Quand le chat se frotte l'oreille,
C'est le temps vif qui se réveille.
    (Hérault.)

Quand lou cat passe la patte sur la teste,
Benléou fara tempeste.

Lorsque le chat passe la patte sur sa tête,
Bientôt il y aura tempête.
    (Basses-Alpes.)

Chat qui se peigne, poule qui se plume, canard
    qui se lave, hirondelle qui rase la terre, sont
    signe de pluie prochaine.
    (Moselle, Haute-Saône, Somme.)

L'hirondelle qui rase la terre, les canards qui se
    plongent dans l'eau, les grenouilles qui coas-
    sent, la poule qui se vautre dans la poussière,
    le chat qui se lèche la patte et se la passe der-
    rière l'oreille, annoncent le mauvais temps
    pour les jours suivants.
    (Vosges.)

Quand les canards battent de l'aile dans le ruis-
    seau,
Bientôt le laboureur aura de l'eau.
    (Jura.)

Si les moutons dansent, signe de vent :
S'ils restent couchés, signe de pluie.
(Haut-Rhin.)

Saute crapaud,
Nous aurons de l'eau.
(Haute-Loire.)

Quand en été on voit des champignons sur le
fumier, c'est signe de pluie.
(Cher.)

Luno pallo bespré ou mati
Aigo del nibou faï sourti.

Lune pâle le soir ou le matin
Fait tomber de l'eau de la nue.
(Lozère.)

Lune pâle,
Signe de pluie.
(Pas-de-Calais.)

Lune encerclée,
Pluie prochaine.
(Haut-Rhin, Seine-Inférieure, Deux-Sèvres, Somme.)

Grand cercle autour de la lune,
La pluie est près ;
Petit cercle autour de la lune,
La pluie est loin.
(Ille-et-Vilaine, Haute-Saône, Eure-et-Loir, Finistère.)

Quand un cercle se forme autour du soleil ou de
la lune, signe d'une pluie prochaine.
(Ille-et-Vilaine, Meurthe.)

Lune cerclée de nuages rouges
Annonce la pluie.
(Moselle.)

Cercle à la lune,
Matelot, monte dans la hune.
(Pas-de-Calais.)

Rond à l'leune, pleuve in été,
In hiver pleuve ubin neice.

Cercle à la lune, pluie en été,
En hiver pluie ou neige.
(Nord.)

Quand le rond (cercle autour de la lune) est près,
La pluie est loin.
(Yonne.)

Quand on voit la lune environnée d'un cercle
obscur, du rôti le plus noir, on dit que c'est
signe de pluie.

Si le cercle s'élargit et rougit, c'est signe de
grand vent.

S'il est jaune et que ce soit en été, c'est signe de
tempête, de grêle et de foudre.
(Basses-Pyrénées.)

Lune qui commence un vendredi est pluvieuse
  pendant toutes ses phases.
    (Hautes-Pyrénées.)

Lune du dimanche,
A tout ruisseau il faut planche.
    (Puy-de-Dôme.)

Lune de dimanche,
L'eau passe la planche.
    (Haute-Saône.)

Si la lune renouvelle un dimanche,
L'eau emporte ponts et planches.
    (Jura.)

S'il pleut le premier mardi de la lune,
Il pleut toute la lune.
    (Nièvre, Nord, Pas-de-Calais.)

Quand il pleut le premier mardi de la lune,
Il pleut tous les mardis.
    (Marne, Vosges.)

Prends du temps la règle commune
Au premier mardi de la lune.
    (Calvados, Haute-Loire, Maine-et-Loire, Oise,
      Somme.)

Un mercredi si la lune est nouvelle,
En fait de beau n'attendez rien d'elle.
    (Haute-Loire.)

Quan la luno tourno lou dibendrès,
Baoupas uno bugado sans cendrès.

Quand la lune revient le vendredi,
Elle ne vaut pas une lessive faite sans cendres
  (elle annonce le mauvais temps).
    (Lot-et-Garonne.)

Gelée en décours,
Eau sous trois jours.
    (Manche.)

Gelée blanche au croissant,
Marque de beau temps;
Gelée blanche au décours,
De la pluie sous trois jours.
    (Calvados, Finistère.)

Si la lune est nouvelle en beau,
Avant trois jours il tombe de l'eau.
    (Ain, Allier, Jura.)

Quand la lune se fait dans l'eau,
Trois jours après il fait beau.
    (Côtes-du-Nord, Haute-Loire, Meuse, Puy-de-Dôme,
      Rhône, Haute-Saône, Saône-et-Loire, Vosges,
      Yonne.)

Lune nouvelle au beau,
Le quatre à l'eau.
    (Cher, Côte-d'Or, Doubs.)

Nouvelle lune par le beau,
Au bout de trois jours donne de l'eau ;
Quand la lune prend dans l'eau,
Le troisième jour il fait beau.

(Meurthe, Nièvre, Basses-Pyrénées.)

Quand la lune revient en beau,
Dans trois jours elle porte chapeau (cercle de
  vapeurs qui présage la pluie).

(Aveyron.)

Quan la luno tourno én bèt,
Plaou lou quatré ou lou sèt.

Quand la lune revient en beau,
Il pleut quatre ou sept jours après.

(Lot-et-Garonne.)

La lune changeant en bèt (beau),
Pluie du 8 au 7.

(Hautes-Pyrénées.)

Lune quilhade (ayant les cornes en l'air),
Terre bagnade (pluie) ;
Lune pendante (ayant les cornes en bas),
Terre fendante (sécheresse).

(Lot-et-Garonne)

Si les cornes de la lune sont tournées vers la mer,
Il y aura des débordements dans l'année.

(Gers.)

Tonnerre de midi
Amène de la pluie.

(Rhône.)

PRONOSTICS ET PROVERBES

RELATIFS AU VENT.

PRONOSTICS ET PROVERBES RELATIFS AU VENT.

Le temps rouge au couchant
Annonce pour le lendemain du vent.
　　(Oise, Vosges.)

Rougeurs du temps
Annoncent grand vent.
　　(Haute-Saône.)

Quind à ch' solau couqué
L'timps est couleur cd' feu,
Chest du vin pour l'indemain.

Quand au soleil couchant
Le temps est couleur de feu,
C'est du vent pour le lendemain.
　　(Nord.)

Lune rouge,
Le vent bouge.
　　(Vaucluse.)

Luno roujo méno toujour
Aouro fouorto péndén lou jour.

Lune rouge annonce toujours
Un grand vent pendant la journée.
　　(Lozère.)

Le grand vent en vieille lune est un indice de
beau temps.
(Cher, Nièvre.)

Vent d'Ardennes (nord-ouest)
N'a jamais fait de bien en Lorraine.
(Vosges.)

Marin qui geale,
Aourou qui desgeale,
Fumou qui parlou latin
Fan maridou fin.

Vent du midi qui gèle,
Vent du nord qui dégèle,
Femme qui parle latin
Font mauvaise fin.
(Vaucluse.)

Les vents d'amont
Emplissent cuves et poinçons.
(Seine-Inférieure.)

Le vent marin, comme le gueux, porte toujours
sa gourde.
(Vaucluse.)

Vent du nord
Remplit le trésor ;

Vent du midi
Le dégarnit.
(Rhône.)

Vent d'Albion,
Vent de grêlon.
(Rhône.)

Le vent du levant
Annonce le beau temps.
(Marne.)

Le saut des moutons annonce le vent.
(Marne.)

Celui qui pour vanner son blé ne profite pas du
vent perd son temps.
(Vaucluse.)

S'il vente nord quand les blés sont en fleurs,
Riches seront les pauvres laboureurs.
(Haute-Loire.)

Jamais grand vent
N'a couru pour rent (rien).
(Jura.)

A bise directe point d'abri,
A pauvre homme point d'ami.
(Vaucluse.)

Vent du nord tiède,

Vent du midi froid,

Mauvais présage.
>(Vaucluse.)

Vent chaud a la queue blanche (suivi de neige).
>(Vaucluse.)

Le tramontano

Ni bono ni sano.

La tramontane (vent du nord-est)

N'est ni bonne ni salubre.
>(Gard.)

Quand lou Contal tiro,

L'aouto sello et brido,

Et lou plouxal

Monto o xobal.

Quand le vent du Cantal souffle (nord-est),

Le vent d'autan selle et bride (se dispose à souf-
    fler),

Et le vent pluvieux

Monte à cheval.
>(Lot.)

Vent du jour redouble à la nuit,

Vent du soir se calme au jour.
>(Côtes-du-Nord.)

Sans le vent du nord,
On labourerait avec des chevilles d'or.
>   (Tarn.)

La bise (vent du nord)
Est la nourricière de la Bresse.
>   (Ain.)

Ne laboure pas en vent chaud
Un terrain sujet aux pavots.
>   (Ain.)

Si la bise ne s'arrête pas le troisième jour,
Elle court neuf jours.
>   (Ain.)

Lune rougeo, lou vent se bugeo ;
Lune rousso, plaou ou bouffe.

Lune rouge, le vent souffle ;
Lune rousse, il pleut ou souffle.
>   (Bouches-du-Rhône.)

Année venteuse,
Année fruiteuse.
>   (Calvados.)

L'autan du printemps
Dérange le temps,

8

Celui de l'automne
Un beau temps donne.
(Ariége.)

De l'arribade d'aü ben,
Soubenez bous en.

De l'arrivée du vent,
Souvenez-vous-en.
(Gironde.)

Année de bise,
Année de prise.
(Jura.)

Les blés grainent plus par le vent du nord-est
que par le vent du sud.
(Yonne.)

PRONOSTICS ET PROVERBES

DIVERS.

PRONOSTICS ET PROVERBES DIVERS.

Beaucoup de foin,
Beaucoup de rien.
Ou Année de foin,
Année de rien.
> (Ain , Ardèche , Aveyron , Calvados, Charente ,
> Charente-Inférieure , Dordogne , Drôme , Gard,
> Haute-Garonne , Gironde, Hérault, Loire , Lot ,
> Lot-et-Garonne, Hautes-Pyrénées, Rhône, Tarn,
> Tarn-et-Garonne, Vaucluse, Vienne.)

L'annado où lou fouraché aboundo
Es raromen en gros fécoundo.

L'année où le fourrage abonde
Est rarement féconde en grains.
> (Lozère.)

L'homme et le bœuf ne sont jamais bien ensemble.
(C'est-à-dire une année de fourrages n'est pas
ordinairement une année de céréales.)
> (Loire-Inférieure , Maine-et-Loire.)

Quand les bêtes mangent,
Les hommes jeûnent.
> (Drôme.)

Annado dé haouéro,
Annado de miséro.

Année de fèves,
Année de misère.
(Lot-et-Garonne.)

Belco de favos,
Favos caros.

Beaucoup de fèves,
Fèves chères.
(Dordogne.)

L'avoine, pour être bonne, doit germer sept fois.
(Eure.)

Qui fume son champ en le défonçant
Le fume pour dix ans.
(Drôme.)

Qui bine,
Vine.
(Drôme.)

Jamais sécheresse
N'amène chéresse.
(Ardennes, Marne.)

Jamais sécheresse
N'a causé détresse.
(Dordogne, Jura, Vaucluse, Vosges.)

Année sèche n'appauvrit son maître.

(Côte-d'Or, Maine-et-Loire, Haute-Saône.)

Année de sécheresse
A toujours fait richesse.

(Allier, Drôme.)

Année sèche
Toujours peu revêche.

(Haute-Loire.)

Loungo secado,
Lac de bi.

Longue sécheresse,
Lac de vin.

(Lot.)

Année de gelée,
Année de blé.

(Côte-d'Or, Ille-et-Vilaine, Maine-et-Loire, Marne,
Nièvre, Nord, Pas-de-Calais, Basses-Pyrénées,
Rhône, Haute-Saône, Tarn-et-Garonne.)

Année de raves,
Année de santé.

(Ardèche.)

An qui produit par trop de gland,
Pour la santé n'est pas bon an.

(Nièvre.)

Récolte de glands,
Maladies régnantes.
(Bouches-du-Rhône.)

Année de glands,
Année de cher temps.
(Haute-Marne.)

Année de hanneton,
Année de grenaison.
(Ain, Calvados, Nord, Pas-de-Calais, Seine-Infé-
rieure.)

Grande hannetonnée,
Petite vinée ;
Grande hannetonnée,
Grande pommée.
(Oise.)

Pour avoir une bonne année,
Il faut qu'elle soit bien hannetonnée.
(Eure-et-Loir.)

Quand la larve du hanneton ne sort point de
terre, l'année est mauvaise en sarrasin.
(Côtes-du-Nord.)

Si l'année a produit beaucoup de hannetons,
Il y aura beaucoup de châtaignes.
(Dordogne.)

Année de noisettes,
Année de disette.

(Haute-Marne, Nord.)

Beaucoup de noisettes,
Mauvais hiver.

(Ariége.)

Quand la rouméc traouesso la carréro,
Announço la miséro.

Lorsque la ronce traverse le chemin (végétation
  produite par les pluies), cela annonce la misère.

(Lot-et-Garonne.)

Les vaches veulent avoir les cornes mouillées,
  et les brebis toujours le pied sec.

(Ariége.)

Terro negro pouerte bouen bla.
Terre noire porte bon blé.

(Bouches-du-Rhône.)

Qui en terro dé montagno labouro,
Sé un an y rits, sept ans y plouro.

Celui qui cultive les montagnes,
S'il rit une année pleure sept ans.

Ou bien :

La montagne un an vogue
Et sept ans pleure.
    (Ariége.)

La terro négro faï bouon blat,
La terro blancho bien granat.

La terre noire donne de bon blé,
La terre blanche du blé bien grenu.
    (Lozère.)

Terro negro faï bon blat,
Terro blanco lou faï escaoudat.

La terre noire fait le bon blé,
La blanche le fait échaudé (avorté).
    (Gard.)

Le vendredi, chose certaine,
Est le plus beau ou le plus vilain de la semaine.
    (Meuse.)

De la semaine, vendredi,
Le plus beau ou le plus joli.
    (Haute-Loire.)

Vendredi aimerait mieux crever
Qu'à son voisin ressembler.
    (Haute-Saône.)

En hiver, comme en été,
Jamais samedi ne s'est passé
Que le soleil n'y ait mis son nez.
(Haute-Saône.)

Le soleil fait par excellence
Le samedi la révérence.
(Côte-d'Or, Meuse.)

Il n'y a pas de samedi sans soleil,
Ni de vieille sans conseil.
(Aveyron.)

Année bissextile,
Année infertile.
(Charente-Inférieure.)

L'année bissextile, soyez fin,
Semez du chanvre au lieu de lin.
(Côtes-du-Nord.)

Quan l'annado ès dé bizé,
Méfia bous dé l'annado aouan et de l'annado après.

Quand l'année est bissextile,
Méfiez-vous de l'année avant et de l'année après.
(Lot-et-Garonne.)

Peu de fruits sur le groseillier,
Peu de blé au grenier.
(Côte-d'Or.)

Année de groseilles,
Année de bouteilles.
(Nièvre.)

Année champignonnière,
Année de misère.
(Hautes-Pyrénées.)

Quand le coucou arrive déshabillé,
Peu de paille, beaucoup de blé.
(Gers.)

Si lou coucou vé nud, belco dé paillo, paou de
gru.

Le coucou avant les feuilles annonce beaucoup
de paille, mais peu de grains.
(Dordogne.)

Quind lilas y a,
Blé y a.
(Nord.)

Beaucoup de poisson,
Petite moisson.
(Haut-Rhin.)

Jamais ne grêle en une vigne
Qu'en une autre ne provigne.
(Côte-d'Or, Maine-et-Loire.)

Grande purée,
Petite vinée.
Beaucoup de pois,
Peu de vin.

(Sarthe.)

Courts rameaux,
Longue vendange.

(Rhône.)

Si l'osier fleurit,
Le raisin mûrit.

(Marne, Rhône, Haute-Saône.)

Quand le blé épic,
Il faut que le cheval tremble à l'écurie.

(Haute-Marne.)

Le soleil rend ce qu'il prend.

(Somme.)

Autant de fois chante la caille à son retour,
Autant de francs vaudra la mesure de blé.

(Nièvre.)

Sources hautes,
Blé cher ;

Sources basses,
Blé à bon marché.
(Oise, Pas-de-Calais.)

Quand la poire passe la pomme,
Garde ton vin, bonhomme ;
Quand la pomme passe la poire,
Il fait bon boire.
(Jura, Haute-Marne, Meuse, Nièvre, Vosges.)

A bonne moisson de millet
Succède mauvaise de blé.
(Tarn-et-Garonne.)

Quand les poulets se déplument par la tête, semez tôt ; par la queue, semez tard.
(Haute-Saône.)

Lorsque le genêt fleurit bien,
Il en est de même du sarrasin.
(Vosges.)

Année de givre,
Année de fruits.
(Eure-et-Loir, Haute-Marne.)

Le temps sec est favorable aux poiriers,
Le temps humide aux pommiers.
(Eure-et-Loir.)

Grand Rhin,
Aigre vin;
Petit Rhin,
Doux vin.

(Haut-Rhin.)

Plus la caille carcaille,
Plus chère est la semaille.

(Ille-et-Vilaine.)

Saison tardive,
Jamais oisive.

(Ain.)

Sous l'eau la faim,
Sous la neige le pain.

(Haute-Loire.)

Lorsque la corne du bœuf sue,
Il faut l'att'ler à la charrue.

(Manche.)

L'hiver n'est pas bâtard;
S'il ne vient tôt, il vient tard.

(Meurthe, Moselle, Nord, Oise, Pas-de-Calais, Puy-
de-Dôme, Haute-Saône, Somme, Tarn.)

L'hiver est dans un bissac;
S'il n'est pas dans un bout, il est dans l'autre.

(Calvados, Charente, Gironde, Loire-Inférieure,
Haute-Marne, Nièvre, Haute-Saône.)

L'hiver est dans une besace ;
S'il n'est devant, il est derrière.
(Haute-Marne.)

Printemps sec,
Été pluvieux.

Été pluvieux,
Hiver rigoureux.

Été orageux,
Hiver pluvieux.

Été humide, automne serein.

Bel automne,
Printemps pluvieux.

Hiver doux,
Printemps sec.

Hiver rude,
Printemps pluvieux.
(Nord.)

Cras hiver,
Sé été.

Hiver humide,
Été sec.
(Nord.)

Hiver rude, été chaud.
(Meurthe.)

Tempier ou noun, cuarbé din sa saisoun.

Pluie ou non, le chanvre doit être semé dans sa
    saison.
        (Basses-Alpes.)

Vigne en fleur
Ne veut ni vigneron ni seigneur.
        (Gironde.)

Maï pendou (las olivas),
Maï rendou.

Plus les olives restent sur l'arbre,
Plus elles rendent d'huile.
        (Gard.)

Oulivié dé toun gran,
Castagné dé toun péro,
Amourié tiouné.

Olivier de ton aïeul,
Châtaignier de ton père,
Mûrier à toi (planté par toi).
Ce dicton exprime le temps nécessaire pour que
    ces trois espèces d'arbres soient en plein rap-
    port.
        (Gard, Vaucluse.)

Espillo mé,
Te véstiraï ;

Ountcho mé lou pé,
T'ountcharaï lou bé.

Déshabille-moi (émonde-moi, dit l'olivier),
Je t'habillerai;
Graisse-moi le pied,
Je te graisserai le bec.
(Gard.)

Cheval de foin,
Cheval de rien;
Cheval d'avoine,
Cheval de peine;
Cheval de paille,
Cheval de bataille;
Cheval d'ajonc,
Cheval breton.
(Maine-et-Loire, Pas-de-Calais, sauf pour le dernier.)

Le blé ne réjouit pas deux fois son maître.
(Loire-Inférieure, Nièvre.)

Pauvre laboureur, tu ne vois
Jamais ton blé beau l'an deux fois;
Car si tu le vois beau en herbe,
Tu ne le verras pas beau en gerbe.
(Meurthe, Meuse, Pas-de-Calais, Vaucluse.)

Le seigle dit :
Garde-moi de l'humidité,
Je me garderai de la gelée.

(Pas-de-Calais.)

Qui maudit l'été
Maudit son père.

(Vaucluse.)

Celui qui néglige ses prés en été
Ira demander l'hiver : Qui vend du foin ?

(Haut-Rhin.)

Jamais riche n'eut bel orme,
Ni pauvre beau chêne.

(Calvados.)

Terre connue
Est à moitié vaincue.

(Moselle.)

Quand le bouvier chante,
Le moissonneur pleure.
Quand le laboureur (bouvier) cultive un terrain
léger et peu fertile, il est porté à la gaîté,
parce qu'il éprouve peu de fatigue ; le mois-

sonneur, au contraire, est attristé de la mauvaise récolte que lui donne ce terrain.

(Drôme.)

Qui sème dru
Récolte menu.

(Moselle.)

Qui sème clair
Moissonne dru.

(Bouches-du-Rhône.)

Sème les seigles dans la terre poudreuse
Et les froments dans la terre bourbeuse.

(Rhône.)

Sans crottin
Pas de pain.

(Meuse.)

Quand il pleut sur la main,
On gâte son terrain.

(Charente.)

Qui laboure avec le mouillé
Ne récolte que la moitié.

(Basses-Alpes.)

Qui vend son fumier vend son pain.
(Haute-Saône.)

Qui vend sa paille vend son grain.
(Meuse.)

La chaux enrichit le père
Et agueusit le fils.
(Calvados.)

La marno enrixis lous païrés
É ruino lous énfans.

La marne enrichit les pères
Et ruine les enfants.
(Tarn.)

Ni trop de vignes
Ni trop de filles.
(Charente, Gard.)

Qui est loin de son bien
Est près de sa perte.
(Charente.)

Le vent, la pluie et les parents,
Après trois jours, sont ennuyants.
(Ain.)

Bouvié sans barbo
Faï l'aïro sans garbo.

Bouvier sans barbe (inexpérimenté)
Ne garnit pas l'aire de gerbes.

(Gard.)

TABLE DES MATIÈRES.

STRASBOURG, IMPRIMERIE BERGER-LEVRAULT ET Cie.

9 782329 464626